L'EXPERT-COMPTABLE CONSULTANT

Et

Les PROBLÈMES COMPLEXES en SYSTÈME d'INFORMATION

Tome 1
(Édition Novembre 2018)

BRAHIM ABBES

Ce livre est dédié à tous les experts comptables, Indépendamment de leurs ordres professionnels car ils sont pour les experts comptables d'avenir les premiers et les plus importants enseignants de la pratique professionnelle.

REMERCIMENTS

Le présent ouvrage n'est que la pointe d'un iceberg qui s'est formé au cours des dernières années. Il s'agit d'une révolution positive sur les sujets classiques traités dans le domaine de l'expertise comptable. La première édition de ce tome 1 de ce livre a été apparue en 2017 et la présente constitue la deuxième édition en 2018.

Je ne saurais trop remercier les gens qui m'ont appuyé pendant les hauts et les bas de cette période. En particulier mes chers parents et surtout ma merveilleuse mère, qui m'appuie dans tous mes défis. Merci, ma Directrice de recherche, pour ton soutien incomparable à tous les points de vue et sans lequel rien n'aurait été possible.

Merci à mes amis qui m'ont permis, grâce à leur confiance, de mener à terme cette belle aventure. Merci à tous ceux qui ont contribué de près ou de loin, avec leurs précieux conseils et directives, leur soutien et leurs encouragements, de m'aider à achever ce travail.

Brahim Abbes

TABLE DES MATIÈRES

INTRODUCTION GÉNÉRALE DU LIVRE — 6

Tome I : L'EXPERT COMPTABLE CONSULTANT ET LES PROBLÈMES COMPLEXES EN SYSTÈME D'INFORMATION. 11

PREMIÈRE PARTIE : L'Expert-comptable et la mission de consultation — 12

CHAPITRE1 : L'EXPERT-COMPTABLE ET LES MODÈLES DE CONSULTATION 15
1.1 « LE MODELE D'ACHAT D'EXPERTISE» : « THE PURCHASE OF EXPERTISE MODEL» — 16
1.2 « LA CONSULTATION MEDECIN / PATIENT» : « THE DOCTOR-PATIENT MODEL» — 18
1.3 « LA CONSULTATION CENTREE SUR LES PROCESSUS» (CCP) : « PROCESS CONSULTATION» (PC) — 20

CHAPITRE2 : LA CONSULTATION EN SIO : EXEMPLE DE LA RESTRUCTURATION 32
2.1 LA RESTRUCTURATION EN SIO INFORMATISE — 33
2.2 LE PROFIL DE L'EXPERT-COMPTABLE LORS DE RESTRUCTURATION EN SIO — 47

CHAPITRE3 : L'EXPERT-COMPTABLE ET LES COMPÉTENCES ACQUISES POUR LA RÉSOLUTION DES PROBLÈMES EN SIO INFORMATISÉ 52
3.1 LES COMPETENCES DE L'EXPERT-COMPTABLE EN MATIERE DE GESTION GLOBALE DES SYSTEMES — 53
3.2 LES COMPETENCES DE L'EXPERT-COMPTABLE EN MATIERE DE LA PLANIFICATION — 56
3.3 LES COMPETENCES DE L'EXPERT-COMPTABLE EN MATIERE DE L'APPROVISIONNEMENT — 61
3.4 LES COMPETENCES DE L'EXPERT-COMPTABLE EN MATIERE DE GESTION DE PROJETS — 63
3.5 LES COMPETENCES DE L'EXPERT-COMPTABLE DANS LA MISE EN SERVICE D'UN SYSTEME INFORMATIQUE — 68
3.6 LES COMPETENCES DE L'EXPERT-COMPTABLE EN MATIERE DE GESTION DES RISQUES — 72

CONCLUSION DE LA PREMIÈRE PARTIE — 77

DEUXIÈME PARTIE : Les problèmes complexes en SIO et les défis de la mission de l'Expert-comptable — 79

CHAPITRE1 : LES PROBLÈMES COMPLEXES DE L'ARCHITECTURE EN SIO   **82**
1.1 LA NOTION DE PROBLEME EN SIO (SIMPLE/ COMPLEXE STRUCTURE/ COMPLEXE NON OU MAL STRUCTURE)   83
1.2 LA COMPLEXITE DE L'ARCHITECTURE EN SIO   85

CHAPITRE2 : L'APPROCHE EN ÉQUIPE ET LES PROBLÈMES COMPLEXES   **98**
2.1 LES MODELES DE CONSULTATION ET L'APPROCHE EN EQUIPE   99
2.2 CONTRIBUTION DE L'APPROCHE EN EQUIPE DANS LA RESOLUTION DES PROBLEMES COMPLEXES   102

CHAPITRE3 : LES STRATÉGIES DE L'EXPERT-COMPTABLE DANS LA REFORMULATION ET LA RÉSOLUTION DES PROBLÈMES COMPLEXES EN SIO   **111**
3.1 LE RAISONNEMENT DE L'EXPERT-COMPTABLE   112
3.2 APPROCHE DE TRAVAIL EN EQUIPE ET ROLE DE L'EXPERT-COMPTABLE   124

CONCLUSION DU DEUXIÈME PARTIE   **133**

CONCLUSION DU TOME I   135

POUR EN SAVOIR PLUS   138

ANNEXES   142

GLOSSAIRE   145

ABRÉVIATIONS   151

À PROPOS DE L'AUTEUR   153

NOS CONTACTS POUR NOUS REJOINDRE   155

INTRODUCTION GÉNÉRALE DU LIVRE

Il nous suffit de regarder ce qui se passe autour de nous, de lire les journaux et d'écouter ce qu'on nous rapporte dans les reportages télévisés pour constater que de nombreux changements ont considérablement modifié depuis les dernières années l'organisation dans le monde. En effet, la qualité de l'architecture des systèmes d'information dans l'organisation est devenue une priorité. Cette nouvelle vision résulte entre autres de plusieurs facteurs, tels que la réglementation des pays et les fusions des grandes organisations. Un système d'information structuré présente plusieurs avantages pour l'organisation. La pratique nous montre que l'Expert-comptable se trouve souvent face à un problème complexe en systèmes d'information organisationnels. En effet, le responsable d'une organisation possède des indicateurs de l'existence d'un problème ambiguë ou d'une situation désordonnée composée de plusieurs problèmes. Toutefois, il demeure incapable de l'identifier et de le résoudre. Il fait appel alors à un Expert-comptable en sa qualité de consultant professionnel pour reformuler et résoudre cette situation. Ainsi, cette étape est nécessaire avant d'entamer la maintenance ou le développement des systèmes. Par conséquent, la réussite de ce mandat requiert une connaissance des problèmes complexes en matière de système d'information et l'adoption d'une méthodologie structurée d'intervention. Cette dernière est tenue de permettre, avec ses outils, à l'Expert-comptable de communiquer, de modéliser et d'interroger efficacement des informations sur une situation désordonnée.

Notre livre cherchera à répondre à la problématique suivante :
<u>Quel type de mandat de consultation</u> sera adéquat pour la reformulation et la résolution des problèmes complexes et des situations désordonnées dans un système d'information organisationnel ? <u>Quel rôle peut jouer l'Expert-comptable</u>, en tant que consultant privilégié pour reformuler et résoudre les problèmes complexes? Quelle est alors <u>la valeur ajoutée de l'Expert-comptable</u> pour l'organisation? Et <u>quelle méthodologie</u> permettra l'Expert-comptable à aider les responsables de l'organisation à atteindre leur objectif ?

L'objectif de ce livre est double :
- Il s'agit tout d'abord d'encadrer une pratique professionnelle qui est restée implicite sous forme d'une méthodologie ; qui se base sur la créativité en cherchant des solutions émanant de l'interne et en travaillant en groupe.

- Il s'agit ensuite d'encourager l'Expert-comptable à investir activement dans le domaine de reformulation et résolution des problèmes complexes du système d'information organisationnel.

La mission de consultation en système d'information organisationnel ne représente aujourd'hui qu'une faible part de l'activité des cabinets, mais elle peut devenir une source de développement, compte tenu des compétences multiples dont bénéficie l'Expert-comptable. Il peut facilement accéder à des missions qui aujourd'hui encore sont plutôt réalisées par des sociétés de services en ingénierie informatique ou des cabinets de conseils en système d'information. Ce livre constitue aussi une occasion pour <u>les futurs experts comptables</u> afin de développer leurs connaissances dans ce domaine. Nous aborderons ce sujet en présentant certains anciens et récents auteurs qui se sont attardés à approfondir ce sujet ; qui demeure désormais d'actualité et objet de la recherche professionnelle.

La figure ci-dessous présente l'architecture complète de ce livre. Celui-ci est articulé en deux tomes interdépendants :

- **Tome I** : L'EXPERT-COMPTABLE CONSULTANT et les PROBÈMES COMPLEXES en SYSTÈME d'INFORMATION

-

- **Tome II** : SODA «STRATEGIC OPTIONS DEVELOPMENT AND ANALYSIS» méthodologie structurée pour la reformulation et la résolution des problèmes complexes en SIO

Nous mettrons l'accent dans **le tome I de ce livre** sur le contexte général du mandat de consultation en SIO. Pour ce faire, nous allons, dans une première partie, présenter les trois piliers de ce sujet : en premier lieu, le mandat de consultation (chapitre 1); en deuxième lieu, le système d'information organisationnel (SIO) (chapitre 2) et en troisième lieu l'Expert-comptable en tant qu'acteur déterminant (chapitre 3). Dans une deuxième partie, nous allons présenter les problèmes complexes en SIO et les défis de la mission de l'Expert-comptable. Dans ce cadre, nous allons identifier les sources de la complexité des problèmes (chapitre 1), puis traiter l'apport de l'approche d'intervention en équipe (chapitre 2) et enfin présenter certaines stratégies à suivre (chapitre 3).

Le tome II de ce livre sera axé sur la pratique en présentant la méthodologie « *Strategic Options Development and Analysis* » (SODA) comme outil stratégique pour l'Expert-comptable et un cas pratique de l'utilisation de cette méthodologie pour la reformulation et la résolution des problèmes en système d'information organisationnel.

*L'Expert-Comptable Consultant et les Problèmes Complexes
En Système d'Information*

Tome I : L'EXPERT COMPTABLE CONSULTANT ET LES PROBLÈMES COMPLEXES EN SYSTÈME D'INFORMATION.

Tome I

L'EXPERT-COMPTABLE Consultant et les problèmes complexes en système d'information

PREMIÈRE PARTIE : L'Expert-comptable et la mission de consultation

Cette première partie traitera la nécessité de découvrir et de comprendre les trois acteurs lors d'une intervention en système d'information organisationnel, en répondant aux trois questions :

- Qui ? C'est l'Expert-comptable qui va agir avec ses compétences
- Sur quoi ? Sur le système d'information organisationnel (SIO)
- Comment ? Dans le cadre d'un mandat de consultation.

La figure ci-dessous présente notre approche pour répondre à ces interrogations. En effet, dans le premier chapitre nous allons montrer les modèles de consultation existants pour l'Expert-comptable en mettant l'accent sur « *la Consultation Centrée sur les Processus*» (CCP). Ensuite, dans le deuxième et le troisième chapitre, nous allons nous focaliser sur la partie informatique du SIO. D'une part, nous allons exposer le SIO, en prenant comme exemple la restructuration des systèmes informatiques et en valorisant certains profils de l'Expert-comptable. D'autre part, nous allons également traiter ce dernier en tant qu'acteur déterminant dans les projets SIO, en présentant ses compétences techniques acquises.

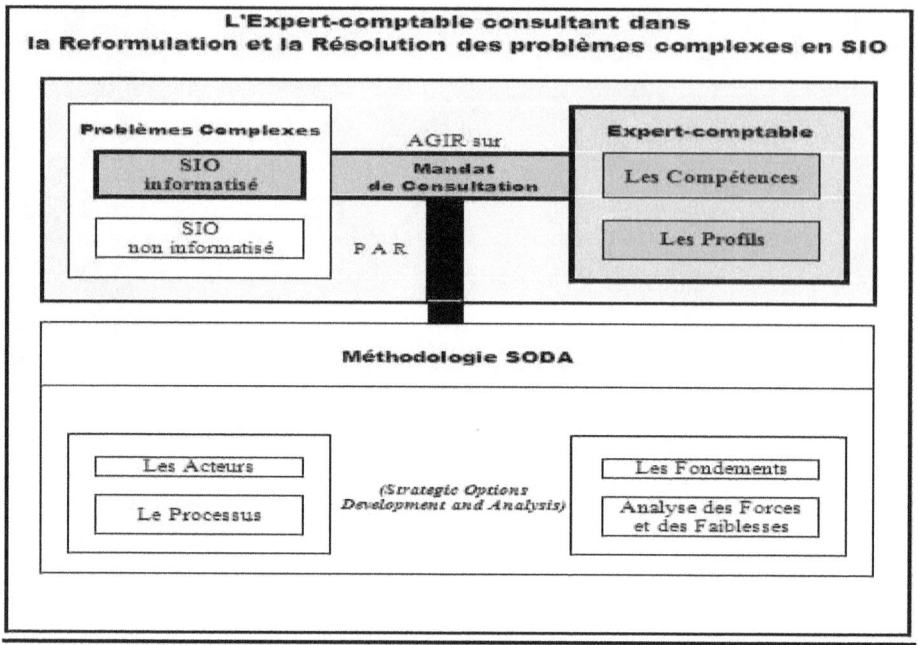

CHAPITRE1 : L'EXPERT-COMPTABLE ET LES MODÈLES DE CONSULTATION

Ce chapitre a pour ambition de permettre au lecteur de :
- connaître et comprendre les types de mission de consultation en SIO.

La consultation est un domaine important dans la profession d'expertise comptables dans plusieurs branches du métier, notamment : fiscale, gestion, comptable et système d'information organisationnel. Notre expérience professionnelle et notre lecture sur Edgar H. Schein (1999), nous permettent d'encadrer l'intervention de l'Expert-comptable en trois modèles de consultation, à savoir : « le modèle d'achat d'expertise» appelé en anglais « *the purchase of expertise model*», « le modèle médecin-patient», appelé en anglais « *the doctor-patient model*» et « le modèle de la consultation centrée sur les processus» (CCP), appelé en anglais « *Process Consultation Model*» (PC). En effet, pour définir ces derniers, nous allons les présenter, les illustrer avec des exemples et comparer leurs hypothèses de base.

1.1 « Le modèle d'achat d'expertise» : « *The Purchase of Expertise Model*»

C'est le modèle le plus connu dans le domaine de la consultation. Le demandeur est un Directeur ou un comité de l'organisation qui a un besoin bien déterminé sous forme de service ou d'information, il sera désormais irréalisable pour lui s'il va être dépourvu d'expertise ou même de temps nécessaire. La solution la plus facile est l'achat de cette expertise auprès d'un consultant. Edgar H. Schein (1999, p.7) a présenté dans son livre certains exemples comme :

> Le Directeur veut savoir comment organiser un groupe particulier et il a besoin d'un consultant pour savoir comment d'autres entreprises organisent de tels groupes, par exemple, comment organiser les fonctions de comptabilité et de contrôle, en tenant compte des capacités actuelles de la technologie de l'information. Le Directeur veut savoir des choses particulières au sujet des sociétés concurrentes, telles que leur stratégie de marketing [...], comment ils organisent leur fonction de recherche et développement [...][1]

---

[1] Notons que nous avons traduit cette citation pour assurer la cohérence de ce travail:

> *The manager may wish to know how to organize a particular group and may need a consultant to find out how others companies organize such groups, for example, how to organize the accounting and control functions given the capabilities of current information technology. Or the manager may wish to know particular things about competitor companies, such as their marketing strategy, how much of the price of their product is determined by production costs, how they organize their research and development function* [...].

D'autres cas réels pour le modèle expert sont ci-dessous :

> *Cas : L'agence de voyages ABC demande la consultation d'un Expert-comptable pour définir son régime fiscal. Dans un deuxième exemple, un Directeur d'une entreprise industrielle demande l'intervention d'un Expert-comptable, pour lui informer des bonnes pratiques en matière de système de contrôle interne. Dans un autre exemple, suite à la promulgation d'une nouvelle loi, une organisation demande l'intervention d'un Expert-comptable consultant pour mettre en place cette loi.*

Dans les exemples ci-dessus, le processus d'achat d'expertise s'achève par un service ou une information fournie par le consultant selon une demande exacte du client. Toutefois, la question qui se pose : le service ou l'information qui a été fournie par le consultant pour répondre à la demande du client, répond-il au besoin réel du client? La réponse à cette question forme l'ensemble des hypothèses de base pour la réussite de ce modèle de consultation. On parle notamment :

- Le client a pris en charge d'analyser sa situation et il a correctement identifié son besoin ;
- Le besoin déterminé suite à l'analyse faite par le client doit être correctement converti sous la forme d'une demande ;
- La demande doit être correctement transmise au consultant ;
- Le client a une certitude sur la capacité du consultant à répondre à sa demande en lui fournissant son expertise ;

- Le client a bien évalué les conséquences du service ou l'information fournie par le consultant.

1.2 « La consultation Médecin / Patient» : « The Doctor-Patient Model»

Ce modèle de consultation a été créé par analogie à une relation entre un médecin et son patient. Dans cette relation : le client constate que la santé financière, commerciale, relationnelle, partenaire, etc. de l'organisation est en chute selon certains indicateurs, à titre d'exemple : *une augmentation du nombre des réclamations des clients, une diminution du chiffre d'affaires malgré l'implantation d'une nouvelle technologie pour la distribution*... Dans ce contexte, le client ne connaît pas la source de cette mauvaise situation et ne sait même pas comment faire un diagnostic pour identifier le problème afin de le résoudre. Le client est passif dans ce modèle. Il fait appel directement à un consultant. Ce dernier a pour mission de prendre en charge d'établir le diagnostic, d'identifier le problème et ses limites et de prescrire les recommandations correspondantes. Ce modèle accorde un pouvoir important au consultant. Malgré qu'il est bien connu, il présente une grande faiblesse. En effet, le consultant effectue son diagnostic selon ses propres connaissances et sans l'intervention du client. Le degré de précision de ce diagnostic et la réussite de ce mandat dépendent notamment de la qualité du climat au sein de l'organisation et du style de la Direction. En effet, s'il existe un climat de non-confiance qui règne, le consultant ne peut pas aboutir à toutes les informations. Par contre, s'il existe un climat de justice et de liberté, les responsables vont considérer leur contact avec le consultant comme une opportunité pour en parler. Sous ces deux climats, le consultant va dépenser du temps soit à l'écoute, soit à la recherche de l'information et par conséquent, <u>il va recommander des solutions qui ne correspondent pas nécessairement au problème</u>.

Edagr H. Schein (1999, p.15) a confirmé que dans la majorité des cas le client ne croira ni le diagnostic fait unilatéralement par le consultant ni la prescription offerte. La faiblesse de ce modèle se traduit dans l'absence de la communication et de la collaboration entre les deux parties. En outre, les facteurs clés de succès de ce modèle dépendent de :

- L'identification avec précision du « patient» (fonction, département, service, filiale...) ;
- La déclaration précise par « le patient» des informations utiles pour le consultant ;
- La croyance du « patient» dans le diagnostic et des résultats établit par le consultant ;
- L'acceptation par « le patient» des recommandations du consultant.

1.3 « La Consultation Centrée sur les Processus» (CCP) : « Process Consultation» (PC)

« *La Consultation Centrée sur les Processus*» (CCP) a été présentée par Edgar H. Schein (1999, p.20) :

> La Consultation Centrée sur les Processus (CCP) est la création d'une relation avec le client. Elle lui permet de percevoir, de comprendre et d'agir sur les évènements de processus. Ces derniers se produisent dans l'environnement interne et externe du client afin d'améliorer la situation telle que définie.[2]

Ce modèle est une consultation basée sur un processus. La consultation est définie comme le fait de donner des conseils et des recommandations, mais la CCP dépasse le simple conseil vers l'aide à résoudre un problème que le demandant n'a pas pu le résoudre seul (Edgar H. Schein, 1999, p.30). Parce qu'il vise à résoudre <u>en permanence</u> le problème, ce modèle est basé sur un «*Process*». Il va chercher les actions, évènements et raisons conduisant à la réalisation de ce problème.

> L'accent est mis sur le processus parce que je crois que la façon dont les choses sont faites entre les personnes et les

---

[2] Notons que nous avons traduit cette citation pour assurer la cohérence de ce travail :

> *Process Consultation is the creation of a relationship with the client that permits the client to perceive, understand, and act on the process events that occur in the client's internal and external environment in order to improve the situation as defined by the client.*

groupes est plus importante que ce qui est fait. Le «comment» ou le «processus» communique, généralement, plus clairement ce que nous voulons vraiment, que ne le fait le contenu de ce que nous disons[3]. (Edgar H. Schein, 1999, p.3)

Edgar H. Schein (1999, p.146) ajoute: «*Dans son sens le plus large, le processus se réfère à la façon dont les choses sont faites plutôt que ce qui est fait*»[4]. Ce modèle existe dans la pratique professionnelle sous le nom « activités d'accompagnement». Le modèle CCP a pour objectif principal d'accompagner le client dans l'étape d'analyse et de développement d'un plan d'action pour faire face à une situation négative, donc un problème à résoudre. Dans ce modèle le consultant commence son mandat sans connaître exactement son objectif, tout simplement parce qu'il intervient avant la phase « d'analyse de la situation». Cette dernière sera faite avec un niveau élevé de collaboration entre le client et le consultant. Elle est appelée « *joint diagnostic*». Le consultant aide le client à

---

[3] Notons que nous avons traduit cette citation pour assurer la cohérence de ce travail:
> *The emphasis is on process because I believe that how things are done between people and in groups is as–or more important than–what is done. The how, or the process, is usually communicates more clearly what we really mean than does the content of what we say.*

[4] Notons que nous avons traduit cette citation pour assurer la cohérence de ce travail:
> *« In its broadest sense, process refers to how things are done rather than what is done».*

apprendre comment établir une bonne analyse à fin de gérer lui-même ses situations et résoudre prochainement ses problèmes.

Le modèle CCP se base sur le principe qu'une solution efficace résulte de l'interne de l'organisation, suite à la collaboration du personnel, et non pas de l'externe. « *[…] Si l'organisation apprend à résoudre ses propres problèmes, ces derniers seront efficacement résolus et pour longtemps*» (Edgar H. Schein, 1999, pp.9-10)[5]. L'externe n'est qu'un assistant nécessaire pour la réalisation d'un diagnostic objectif. En effet, le consultant, avec ses compétences, peut prévenir dès sa première intervention à remarquer l'existence de certains problèmes dont il peut recommander des solutions, mais il ne déclare pas ses solutions prévisionnelles pour deux raisons. La première est que ses propositions peuvent être erronées, donc il peut influencer négativement sa crédibilité et perdre son mandat. La deuxième raison est que même si le consultant a correctement fait son diagnostic et a correctement recommandé des solutions, le client peut défendre ses faiblesses et par conséquent ignore le consultant, nier le problème et contourner les mesures correctives suggérées. Pour ces raisons, la clé de réussite du modèle CCP est d'impliquer le client dans l'identification des problèmes et dans le

---

[5] Notons que nous avons traduit cette citation pour assurer la cohérence de ce travail:
  « […] *problems will stay solved longer and be solved more effectively if the organization learns to solve those problems itself.* »

processus de génération des solutions. À travers ce processus social, le client sera plus convaincu de ses problèmes réels, plus sensibilisés aux risques probables et il sera assuré d'accepter et d'appliquer le plan d'action. Dans ce cas, le client aurait acquis, d'une part, les compétences nécessaires pour faire un diagnostic proactif et d'autres parts le processus social de résolution en permanence de ses problèmes. Le fait de rendre le client dépendant du consultant constitue un échec dans ce modèle de consultation. Le consultant n'a pas alors un rôle de « *trouveur de solutions*», mais plutôt celui d'accompagner l'organisation pour qu'elle apprenne à diagnostiquer et à résoudre lui-même les problèmes auxquels elle fait face. Les hypothèses de base pour la définition du modèle CCP sont :

1. <u>Le consultant intervient suite à la demande du client</u> pour résoudre un problème dont il ignore sa nature, mais le client est conscient de son existence à travers des indicateurs. Le client peut demander l'assistance du consultant pour l'accompagner dans la résolution des problèmes complexes ;
2. La CCP suppose que <u>le consultant et le client ignorent</u>, au début du mandat, la nature et la limite du problème réel. Ils ignorent aussi le type de l'aide que le consultant pourrait fournir ;
3. Le fait de contacter le consultant n'est pas juste une formalité administrative, mais le client <u>possède « une intention constructive»</u> pour résoudre le problème ;

4. Le fait que l'organisation apprend à établir un diagnostic interne et de gérer ses résultats, <u>constitue un point d'amélioration continue</u>. Edgar H. Schein (1999, pp.18-19) confirme que:

> La fonction ultime de PC est de transférer les compétences de diagnostiquer et de faire une intervention constructive afin que le client soit capable d'améliorer lui-même son organisation [...] le dicton «au lieu de donner aux gens des poissons, de leur apprendre à pêcher» correspond bien ce modèle[6].

5. Le temps alloué pour une consultation est insuffisant pour que le consultant comprenne suffisamment l'environnement de l'organisation afin d'établir des recommandations réalisables. Par conséquent, <u>la collaboration</u> entre le consultant et le client est primordiale, parce que le client dispose plus d'informations qui lui permettent de trancher sur la réalisabilité des recommandations Edgar H. Schein (1999, p.20) ;

6. Le modèle de CCP ne conduit pas à une liste de solutions, mais à la présentation par le consultant <u>d'un ensemble d'alternatives</u> déterminées en collaboration avec les responsables de l'organisation. À ce moment, c'est le rôle du client de choisir les solutions convenables ;

---

[6] Notons que nous avons traduit cette citation pour assurer la cohérence de ce travail:

> *The ultimate function of PC is to pass on the skills of how to diagnose and constructively intervene so that clients are more able to continue on their own improve the organization [...] The saying "instead of giving people fish, teach them how to fish" fits this model well*

7. L'apport remarquable du consultant est l'exploitation de ses connaissances, compétences et expériences pour <u>analyser la situation de l'organisation et définir la nature réelle du problème</u> en collaboration avec le client.

Le modèle CCP définit implicitement l'organisation en tant que regroupement <u>d'une partie humaine</u> et <u>d'une partie systématique</u> sous forme de processus informatisé ou manuel. Dans ce contexte, les problèmes d'une organisation résultent notamment de l'interaction homme-processus. Le modèle CCP apporte la solution en intégrant l'aspect technique et l'aspect social lors du processus d'accompagnement. Cette structure de consultation conduit à un comportement spécial du consultant dans sa relation avec le client. Le consultant apporte deux formes d'expertises : expertise de contenu technique et expertise en gestion de processus social. Ainsi, le processus de la formation de l'Expert-comptable permet d'avoir ces deux formes d'expertises, mentionnées précédemment. Dans le domaine, du système d'information organisationnel, <u>pour l'expertise du contenu technique</u>, l'Expert-comptable apporte ses compétences diversifiées telles qu'en matière de gestion globale des SIO, de planification des projets, de gestion des modes d'approvisionnements, de gestion de projets de développements des systèmes, de mise en service du système, de gestion des risques technologiques, de l'exploitation et la surveillance des systèmes développés. Cette expertise technique fera l'objet du troisième chapitre de cette partie. Alors que, <u>pour l'expertise en gestion de processus social</u>, l'Expert-comptable excelle en tant qu'agent de changement qui sera exposé plus loin dans cette partie et maîtrise le travail en équipe que nous allons traiter dans le deuxième et troisième chapitre du deuxième partie.

1.4 Rapprochement entre les trois modèles de consultation

Le tableau ci-dessous compare les trois modèles de consultation présentés précédemment, selon des critères objectifs, à savoir le rôle du client, la nature d'assistance du consultant, le rôle du consultant et le risque probable.

Tableau 1 : Rapprochement entre les trois modèles de consultation

Modèle de consultation	Rôle du client	Nature d'assistance	Rôle du consultant	Risque probable
Achat d'Expertise	***Actif** : Identifier le problème et définir le besoin	*Fournir l'expertise, les ressources, le temps pour répondre au besoin	***Expert dans le besoin** spécifique (fiscal, gestion, SIO...)	*Mauvais diagnostic par le client
Médecin/ Client	***Passif** : Savoir qu'il existe un problème suite à certains indicateurs	*Établir le diagnostic et décider la prescription	***Expert dans le diagnostic**; ***Expert à convaincre** que le remède qu'il a identifié est celui qui soigne le problème qu'il a diagnostiqué	*Diagnostic non acceptable par le client
CCP	***Collaboratif** : Collaborer dans la reformulation du problème et la présentation des solutions	*Transférer le savoir-faire et les connaissances (Accompagnement)	***Expert en accompagnement** des organisations; Former le client et travailler en partenariat (Rôle préventif)	***Pas de Risque***

Les trois modèles de consultations ont un objectif commun à assister le client par des conseils et des recommandations. Toutefois, le moment d'intervention du consultant diffère selon le modèle (Edgar H. Schein, 1999, p.5) : le moment d'intervention du consultant ne vise pas le moment de la demande d'assistance par le client, mais le moment de fait générateur de sa mission. Le modèle CCP, à titre d'exemple, est basé sur la compréhension du processus de construction de problème, le fait générateur de la mission du consultant existe dans le passé, par conséquent, le moment d'intervention est rétroactif. Alors que, pour le modèle de l'expert et celui du docteur, le moment d'intervention est le moment de la demande d'assistance par le client. Ce moment d'intervention permet de mettre l'accent sur quatre points de différences (Edgar H. Schein, 1999, p.5) (tableau 1). À titre d'exemple, au niveau de la nature d'assistance : dans le modèle expert, le client établit seul le diagnostic et présente sa demande pour acheter une expertise auprès d'un consultant qui répond exactement à la demande. Dans le modèle médecin, le consultant établit seul le diagnostic et offre la solution qu'il pense nécessaire. Alors que, dans le modèle CCP, l'existence de la collaboration et l'échange constitue une hypothèse de base.

Par ailleurs, le moment d'intervention du consultant a plusieurs conséquences. Il permet de :

- qualifier le modèle de l'expert et celui du docteur comme des «*remedial models*», alors que le modèle PC est un «*remedial model*» et un modèle préventif (Edgar H. Schein, 1999, p.19) qui permet de rendre le client proactif (Edgar H. Schein, 1999, p.20).

- Comparer le modèle de l'expert et du médecin comme «*single-loop*» : résolution du problème, tandis que le modèle PC engage le client dans une «*double-loop*» : résolution du problème et apprentissage. Un des buts de PC est d'augmenter la capacité du système client pour l'apprentissage afin qu'il puisse résoudre à l'avenir ses propres problèmes (Edgar H. Schein, 1999, p.19).

- Clarifier les critères de choix de chaque modèle. Edgar H. Schein (1999, p.19) confirme que :

    > Si la définition du problème et la nature de la situation, les deux sont claires, alors le modèle expert est celui qui convient. Si la définition du problème est claire, mais la solution ne l'est pas, alors le médecin doit travailler avec le patient pour développer le bon type de réponse adaptative utilisant sa connaissance technique. Si ni le problème ni la solution est claire, l'aide doit répondre d'abord sur la consultation du processus jusqu'à ce qu'il devienne clair ce qui se passe, ce que l'aide est nécessaire, et comment il est obtenu mieux[7].

---

[7] Notons que nous avons traduit cette citation pour assurer la cohérence de ce travail:
> *If both the problem definition and the nature of situation are clear, then the expert model is the appropriate one. If the problem definition*

Dans ce contexte, d'abord, le client doit commencer par une CCP pour comprendre son problème. Ensuite, s'il peut identifier les solutions possibles, il s'implique dans le modèle expert, mais s'il ne peut pas, il s'implique dans le modèle médecin. Le fait que le client connaît son problème avec le modèle CCP le rend plus indépendant dans la formulation et la résolution des problèmes futurs. Toutefois, si le client s'embarque dès le début dans le modèle expert ou celui de médecin, l'organisation va rester toujours dépendante de ces derniers.

Pour conclure ce chapitre, le modèle CCP est un processus social qui vise à « accompagner» le client, à apprendre à diagnostiquer, à définir et à résoudre certains types de problèmes à travers les compétences sociales et techniques du consultant. Le modèle CCP présente plusieurs avantages par rapport aux autres modèles, notamment de point de vue du rôle de transfert du savoir-faire que le consultant joue **pour initier une organisation à sa protection proactive**. Ce modèle considère le client comme faisant partie

---

is clear but the solution is not, then the doctor has to work with the patient to develop the right kind of adaptive response using his or her technical knowledge. If neither the problem nor the solution is clear, the helper has to reply initially on process consultation until it becomes clear what is going on, what help is needed, and how it is best obtained.

intégrante de la situation problématique et non uniquement une source d'information.

La CCP est très utile dans un contexte de problème complexe. Le client et le consultant doivent se préoccuper à comprendre et à gérer le processus social dans lequel ils sont engagés. Ce souci pour le processus social a donné naissance à plusieurs méthodologies d'interventions

CHAPITRE2 : LA CONSULTATION EN SIO : Exemple de la restructuration

Ce chapitre a pour objectif de :
- Présenter le processus de restructuration en SIO informatisé (système informatique) ;
- Montrer les différents profils de l'Expert-comptable dans le processus de restructuration en SIO.

Nous portons une attention particulière aux compétences techniques qui permettront à l'Expert-comptable d'exercer un rôle important dans la restructuration des systèmes.

2.1 La restructuration en SIO informatisé

2.1.1 L'importance de la restructuration

L'organisation est un système d'information qui a pour mission la production, le traitement, l'analyse et la diffusion de l'information sous la forme de produit ou de service. Il est composé notamment de ressources humaines, informatiques et autres. Responsable de la circulation de l'information au niveau stratégique, tactique et opérationnel; ce système est porteur de la stratégie et de la vision de l'organisation.

Par ailleurs, certains facteurs peuvent imposer la nécessité de changer partiellement ou totalement la structure du système d'information organisationnelle. Parmi ces facteurs, nous signalons :

- Le développement technologique;
- Le changement des membres actifs de l'organisation qui se traduit par un changement de vision et de perspective ;
- L'insatisfaction permanente du client par le service obtenu. À titre d'exemple : l'augmentation du nombre des réclamations du citoyen envers le service offert par le secteur de la formation professionnelle du Ministère de la Formation Professionnelle et de l'Emploi ;

- L'existence d'une réglementation très étoffée dans certains domaines qui impose à la restructuration des systèmes d'information.

2.1.2 Le processus de la restructuration

La restructuration des SIO informatisés passe par un processus composé de six activités (figure 1).

Figure 1: Processus de restructuration des SIO informatisé par le développement des systèmes (*) :

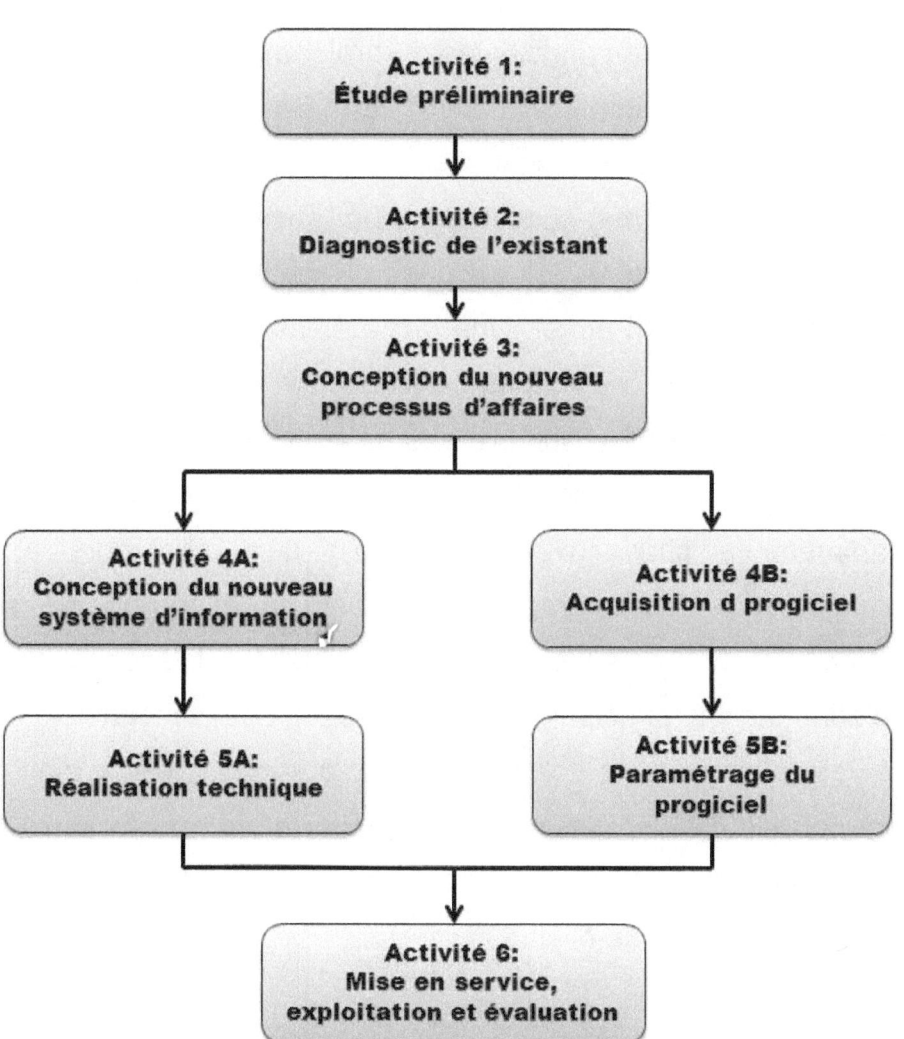

(*) Cette figure est extraite de livre de Rivard, S., Talbot, J., 2009. *Le développement de systèmes d'information*. 4ᵉ édition. Sainte-Foy : Presses de l'Université du Québec, p57.

Ce processus représente en quelque sorte la carte routière qui permet de guider tous les acteurs du projet et qu'ils doivent la suivre pour atteindre l'objectif avec les conditions voulues. Selon ce processus les activités principales du projet ayant été identifiées et séquencées, il s'agit maintenant de déterminer les tâches élémentaires correspondantes à chaque activité. En effet, chaque activité est elle-même constituée d'un ensemble de tâches et s'achève par un rapport et une prise de décision conduisant à la réalisation ou non du projet. Une tâche élémentaire peut se définir comme un ensemble d'actions conduisant à la création d'un seul livrable quel qu'il soit le nombre des acteurs du projet. La décision prise résulte des changements dans les variables du mandat, notamment le changement du besoin des utilisateurs et la rentabilité du projet. Le processus de restructuration doit être géré par une personne appelée « Chef de projet». Il est responsable de plusieurs tâches principalement le respect des échéanciers des livrables techniques et de la documentation des travaux réalisés. Cela permet d'éviter des pénalités pour retard de livraison. Le commentaire le plus fréquemment entendu est que toujours le budget temps est sous-évalué.

Ci-après, une brève description des activités qui constituent ce processus.

Activité 1 : Étude préliminaire

La demande de restructuration du système d'une organisation fera l'objet d'une analyse par des intervenants internes et externes. Cette étude permet de collecter et de traiter des données pertinentes pour déterminer l'opportunité et la faisabilité du projet. Elle est utile pour la prise de décision. Une erreur dans cette activité conduit à la prise d'une mauvaise décision et entraîne des frais supplémentaires, ce qui peut bouleverser la rentabilité du projet à un stade avancé de la restructuration du système. Bien que cette activité est importante, notamment parce qu'elle contient la tâche de détermination du besoin via la formulation du problème, elle doit être effectuée rapidement. Cette activité consiste à :

- Formuler le problème : il s'agit d'une tâche de clarification de la demande réelle ;
- Déterminer la limite du système d'information, objet du projet ;
- Estimer l'ampleur du projet, les changements probables et leurs impacts sur la continuité ;
- Évaluer la rentabilité et la faisabilité du projet, et établir les recommandations nécessaires aux responsables pour la prise de décision ;
- Présenter les recommandations dans un rapport d'étude préliminaire, qui feront l'objet du choix des décideurs de l'organisation.

Bien que l'objectif de la restructuration des systèmes d'information soit d'apporter une nouvelle valeur ajoutée à l'organisation, il arrive que la mauvaise estimation du coût, du temps ou des ressources humaines dans cette activité cause des dépassements des budgets, la livraison hors délais, la livraison avec des fonctionnalités manquantes et même l'abandon du projet. L'expérience nous montre qu'un pourcentage élevé des projets en SIO souffre de la mauvaise évaluation. Cette situation peut affecter la santé financière ou la continuité d'exploitation de l'organisation.

Cas[8] : Le 19 janvier 2011, en France, la société « Exposium» organisateur de salons professionnels qui est en conflits judiciaires avec son fournisseur externe de la solution informatique, suite à la mauvaise estimation du budget temps et des ressources humaines nécessaires pour la réalisation de leur projet.

Activité 2 : Diagnostic de l'existant

Suite à une décision positive sur le rapport préliminaire et la formulation du problème, un diagnostic de l'actif existant de l'organisation est entrepris. Le nouveau SIO doit profiter de l'actif existant pour atteindre les objectifs de l'étude préliminaire et à moindre coût. D'une manière générale, l'idée provient du cadre référentiel de l'architecture en SIO à savoir TOGAF (*The Open*

---

[8] Disponible sur : http://www.legalis.net/spip.php?page=jurisprudence-decision&id_article=3107 [consulté le 15 avril 2014]

Group Architecture Framework)[9]. TOGAF consiste à dessiner la vision de manière à construire une image claire avec le maximum de détails possibles du SIO-cible, établir le diagnostic de l'actif du SIO existant, ensuite déduire l'écart entre le SIO-vision et le SIO-existant en terme d'architecture d'affaires (processus d'affaires), d'architecture des données (les informations) et d'architecture technologique (les technologies utilisées). Ces écarts seront reformulés sous forme de plusieurs projets et feront l'objet de classification selon leurs priorités.

Notons que le processus de restructuration est itératif : le rapport de cette activité pourra affiner les estimations du temps, du budget et l'analyse de la faisabilité faite lors de l'activité de l'étude préliminaire.

Activités 3 et 4: Conception du nouveau processus d'affaires et conception du nouveau système d'information ou acquisition de progiciel

Ces deux activités sont présentées en même temps, car elles doivent être faites en parallèle.

- L'objectif de l'activité 3, conception du nouveau processus d'affaires, est de construire la conception d'un nouveau processus d'affaires en partant du processus d'affaires-existant et présenté dans l'activité 2.

---

[9] Voir Glossaire

- L'objectif de l'activité 4, conception du nouveau système d'information ou acquisition de progiciel de gestion intégrée, dépend selon le choix de client :
    - ✓ S'il a choisi de restructurer le SIO par une activité de maintenance et de développement interne, l'équipe intervenante est chargée par la conception d'un nouveau SIO en partant du SIO-existant selon l'activité 2 et ayant pour objectif d'atteindre la vision tracée en activité 1 et 2.

    - ✓ Si le client a opté pour une solution prête et qu'il va l'adapter selon ses besoins, il doit acquérir un logiciel capable de résoudre ses problèmes et compatible avec le nouveau processus d'affaires conçu à l'étape 3.

Activité 5 : Cas de développement (Réalisation technique) ou cas d'acquisition (Paramétrage du progiciel)

L'objectif de cette activité est de réaliser la solution-SIO optée par le client, soit en réalisant l'aspect technique de SIO développé en interne ou le paramétrage de la solution acquise conformément au processus d'affaires conçu à l'activité 3 et au SIO conçu à l'activité 4. *À titre d'exemple, actuellement, les établissements de crédit exploitent de nombreux systèmes* d'information dont les solutions ont été développées en interne alors que d'autres font l'objet d'acquisition.

<u>En cas de réalisation interne</u>, l'équipe intervenante est tenue de :
- ✓ valider le besoin exprimé lors des activités précédentes ;
- ✓ faire la conception technique, notamment des bases des données, en assurant la performance et la flexibilité du système ainsi que l'exactitude de l'information qu'elle produit ;
- ✓ traduire dans le langage de programmation choisi les spécifications élaborées lors de la conception technique ;
- ✓ accompagner les tâches précédentes par les tests de qualité et établir la documentation nécessaire.

En effet, il arrive qu'une erreur dans le programme informatique lors de l'implémentation puisse causer des répercussions néfastes sur la santé financière de l'organisation.

Cas[10] : En 1992, aux Philippines, Pepsi a lancé un jeu qui prévoit que le consommateur qui trouve le numéro 349 sous le bouchon de bouteille, gagne 1 million de pesos l'équivalent de 40 000 USD. Une simple erreur de programmation dans le programme d'impression des numéros sous les bouchons rend le nombre de gagnants très grands qui passe d'une personne à 800 000. Par

---

[10] Disponible sur : http://scientific-park.blogspot.ca/2014/02/top-8-des-bugs-informatiques-qui-ont.html [consulté le 10 avril 2014].

> conséquent, Pepsi doit verser 32 millions USD pour ses gagnants. Elle est entrée en conflit juridique durant plusieurs années causant une baisse de ses revenus et la détérioration de son image de marque dans ce pays.

En cas d'acquisition d'une solution prête, l'équipe intervenante doit procéder à l'implantation de la solution. Il s'agit d'adapter la solution acquise aux caractéristiques spécifiques de l'organisation (son environnement, les taux fiscaux et sociaux, la structure, les rapports produits, les statistiques demandées, la possibilité de faire des requêtes…) à travers son paramétrage. La configuration de la solution nécessite une connaissance approfondie à la fois des caractéristiques de l'organisation, de ses processus d'affaires ciblés et de la solution technique à installer.

Activité 6 : Mise en place, exploitation et évaluation

Cette activité est la dernière activité de projet de développement. Elle vise deux grands objectifs, à savoir :
- la réalisation d'une intégration harmonieuse entre la technologie, l'organisation et l'être humain
- le passage sécuritaire de l'ancien système au nouveau.

Cette activité est composée de plusieurs tâches :
1. La mise en place
    - La préparation des fichiers et des bases des données
    - L'installation de matériel hardware

- La formation des utilisateurs
- Le passage de l'ancien au nouveau système
2. L'exploitation
    - La conversion des données de l'ancien SI au nouveau
    - L'entretien
    - l'évaluation post-implantation

Après avoir présenté les activités mentionnées précédemment, la documentation et le test sont omniprésents. Ces deux tâches sont définies comme suit :

<u>Tâche 1 : la documentation</u> une tâche importante, car elle permet de :

- Montrer que le système a été réalisé conformément à la demande de client ;
- Attester que la conception et la réalisation du système ont été faites conformément à un cadre d'architecture, une méthodologie de développement, des normes de programmation et des normes de contrôle qualité du système ;
- Aider l'équipe intervenante à déterminer leur niveau d'avancement dans le projet ;
- Faciliter la supervision par les architectes ;
- Conserver un dossier des anomalies corrigées ou compensées par une autre procédure ;
- Aider à réaliser les inspections sur le système.

<u>Tâche 2 : le « *Testing* »</u> : Cette tâche est cruciale pour assurer que le système répond adéquatement aux besoins de

l'organisation, aux choix faits et aux exigences de contrôle interne. La stratégie de réalisation des tests diffère selon les instructions de travail de l'entreprise informatique. Certaines préfèrent affecter cette tâche à une équipe indépendante de celle qui a réalisé le projet. D'autres préfèrent l'affecter à l'équipe de réalisation elle-même. Toutefois, il est clair que de point de vue organisation de travail, l'Expert-comptable favorise la séparation des tâches incompatibles entre la réalisation et le contrôle (test). Indépendamment de la stratégie adoptée pour l'organisation du travail, il y a quatre types de tests (Dubé, L., Bernier, C., 2011, p.160), à savoir : les tests unitaires, les tests d'intégration, les tests de systèmes et les tests d'acceptation. Chaque test passe par deux phases : la conception et la réalisation.

2.1.3 Les risques de projet de restructuration en SIO[11]

Chaque activité de processus de restructuration du système a ses propres risques. En effet, nous avons déjà présenté certains risques illustrés avec des exemples comme le cas de la société « Exposium» en France et le cas de « Pepsi Cola» aux Philippines. Dans les paragraphes suivants, nous allons présenter d'autres risques émanant de la pratique professionnelle.

- **Abandon du projet en cours de déroulement :** Plusieurs facteurs peuvent conduisent la compagnie à abandonner son

---

[11] Notant que les exemples de cette paragraphe sont Disponible en détails sur : http://wiki.facil.qc.ca/view/Mauvaise_gestion_des_projets_informatiques_dans_les_organismes_publiques#cite_note-12 [consulté le 10 avril 2014].

investissement dans la restructuration d'un système d'information.

> *Cas: En 2010, le Ministère de la santé et des services sociaux (MSSS) abandonnent le projet de Dossier Santé Québec (DSQ) tel que conçu à l'origine après avoir englouti 308 des 563 millions $. Le nouveau DSQ est prévu pour 2014 et aura coûté plus du double de l'évaluation du projet original avec 4 ans de retard.*

Pour avoir une bonne conduite du projet, après chaque activité du processus de restructuration le Gestionnaire du projet :

- ✓ détermine le degré d'avancement ;
- ✓ rapproche les coûts engagés avec les coûts prévus ;
- ✓ détermine la rentabilité actuelle du projet par rapport à ce qui est prévu ;
- ✓ s'assure de la stabilité du besoin des utilisateurs identifiés au début du projet par rapport à la situation actuelle ;
- ✓ s'assure que la technologie fixée dans le cahier de charge n'est pas devenue désuète et c'est le cas des projets qui durent trois ans et plus pour être totalement réalisés.

- **Dépassement des délais et des budgets** : c'est le risque le plus important et le plus répandu. Il résulte notamment de la sous-estimation des délais et des coûts quel que soit à une bonne ou mauvaise intention. Une gestion rigoureuse du projet par un Expert-comptable constitue une solution efficace.

> Cas: En 2008, l'Université de Montréal dans son projet décide d'implanter « Oracle Peoplesoft» de la compagnie « Oracle». Le budget initial prévit : 52,7 M$. En 2011, le Conseil de l'Université révise le budget, qui grimpe à 84,7 M$. Une hausse des coûts pour un pourcentage égal à 61 %.

- **Non-acceptation du nouveau système par les utilisateurs :** C'est le cas des progiciels dit ERP qui imposent leur processus d'affaires sur la culture de l'organisation sans tenir compte des utilisateurs ;
- **Non-réalisation des objectifs attendus du nouveau système et non-conformité de la version finale livrée avec le cahier de charge**

> Cas: En 2002, Hydro-Québec (la compagnie responsable de l'énergie dans la province de Québec) a décidé d'investir dans un projet de modernisation de son système d'information clientèle(SIC) évaluée à 270 millions $. En 2008, le projet a coûté 470 millions de $. Le nouveau SIC a des problèmes de facturation qui affectent des clients, qui intentent un recours collectif contre Hydro-Québec en 2010. Un deuxième recours est intenté en 2012.

2.2 Le profil de l'Expert-comptable lors de restructuration en SIO

Plusieurs types d'acteurs sont à distinguer dans le plan du projet. Citons par exemple : l'expert opérationnel, les informaticiens, les consultants fonctionnels et les consultants techniques. L'Expert-comptable en qualité de consultant externe peut jouer plusieurs rôles déterminants dans le projet de restructuration des systèmes d'information. Ayant un profil adéquat à l'exercice des fonctions de l'analyste d'affaires, de l'analyste fonctionnel, de l'analyste testeur et de l'analyste en pilotage de systèmes. Dans ces fonctions et en fonction du niveau d'engagement contractuel, l'Expert-comptable se place plus dans une approche de garantir le bon achèvement du projet que dans le cadre d'une simple obligation de moyens.

2.2.1 L'analyste d'affaires

L'analyste d'affaires est un consultant membre de l'équipe externe de l'entreprise de développement des systèmes. C'est un conseiller en gestion spécialiste en réingénierie de processus qui a la capacité de faire acheminer la direction de son client vers une vision claire et commune de sa transformation. Il élabore la vision, les stratégies et l'architecture d'affaires lors de la conception de solutions et établit les rapports. Cet acteur est capable de

transposer cette vision en un projet structuré. Pour effectuer son travail, l'analyste d'affaires doit tenir compte de :
- la stratégie de modélisation adoptée comme la méthodologie de travail ADM du cadre référentiel d'architecture TOGAF;
- le formalisme de modélisation à utiliser tel que l'ANSI (*American National Standard Institute*), un organisme américain de normalisation

L'analyste d'affaires travaille sous la responsabilité d'un architecte d'affaires. De point de vue gestion des équipes, l'architecte d'affaires excelle en animation du groupe de travail. Sa mission est d'orienter et coordonner la conception des solutions spécialisées (architecture des processus, organisation du travail, plans de communication/formation, d'essais, etc.). De point de vue, gestion de travail, l'architecte d'affaires planifie l'ensemble des interventions à réaliser dans son champ d'expertise et participe à l'intégration de ses plans avec ceux des autres volets du projet. Il s'assure que les besoins d'affaires et opérationnels sont pris en compte dans la réalisation des solutions d'affaires globales (architectures fonctionnelles et technologiques). En outre, il participe aux ateliers d'architecture et contribue à l'intégration des différentes composantes des solutions d'affaires. Le résultat du travail de l'architecte d'affaires est une représentation graphique des processus d'affaires.

2.2.2 L'analyste fonctionnel

L'analyste fonctionnel est un consultant membre de l'équipe externe de l'entreprise du développement des systèmes. Responsable d'une équipe d'analystes fonctionnels, l'architecte fonctionnel collabore en parallèle avec l'architecte d'affaires.

L'analyste fonctionnel a pour mission de :

- Comprendre les descriptions graphiques des processus d'affaires faites par l'analyste d'affaires ;
- Collaborer avec le client pour s'assurer de la bonne description du besoin ;
- Traduire conformément à un langage de communication narrative et graphique compréhensible par les programmeurs ;
- écrire les dossiers fonctionnels ;
- Effectuer l'assurance qualité en réalisant les tests nécessaires ;
- Orienter les développeurs dans leurs analyses tout en résolvant les problèmes fonctionnels ;
- Participer aux différentes rencontres de suivi de projet ;
- Planifier et coordonner les travaux de conception, de rédaction et de modification de dossiers d'architecture fonctionnelle ;
- Orienter et valider le dossier des essais (*Testing*).

2.2.3 L'analyste testeur

L'analyste testeur est un membre de l'équipe externe de l'entreprise de développement des systèmes. Il a pour mission d'effectuer le « *testing*» tel que présenté précédemment dans cette partie. En effet, il doit comprendre le fonctionnement du système et faire la conception et la réalisation de l'ensemble des tests. Ces derniers sont conçus par rapport aux critères de qualité de l'information spécifiques aux développements des systèmes et très proches des assertions en matière de l'audit des organisations. Les critères de l'information sont fiables, complets, exacts, pertinents, compréhensibles, protégés et disponibles au moment opportun. Cette partie est exactement la même que celle effectuée par l'auditeur, lors de la phase de contrôle interne. Certaines associations comme le Comité français des Tests logiciels (CFTL)[12] ont développé des programmes de certification pour cadrer ce domaine. La certification ISTQB « *Certified Tester*» aide à tester efficacement les logiciels.

2.2.4 L'analyste en pilotage de systèmes

L'analyste en pilotage de systèmes est un membre de l'équipe externe de l'entreprise de développement des systèmes. Ses principales activités sont :

- Recevoir les demandes du client concernant les anomalies et/ou les améliorations aux systèmes ;

---

[12] http://www.cftl.fr [consulté depuis 2012]

- Identifier les évolutions nécessaires de ces systèmes pour supporter les modifications aux processus d'affaires ou améliorer la performance avec des nouvelles technologies ;
- analyser la pertinence et la faisabilité des projets ;
- Entretenir les guides systémiques ;
- Réaliser les tests utilisateurs (tests d'acceptation) ;
- Fournir aux utilisateurs le soutien nécessaire pour la compréhension et l'utilisation des systèmes ;
- Participer à la gestion du changement et à la formation des utilisateurs ;

En conclusion, la restructuration des SIO est un choix pour l'organisation, mais le fait de ne pas choisir il devient une obligation imposée par l'environnement. Il est important de revoir les SIO pour chercher la possibilité de restructurer les systèmes selon un processus structuré. L'organisation doit tenir compte de risque d'échec dans ce domaine et prendre les mesures nécessaires pour faire face. Possédant la formation et les pratiques adéquates, l'Expert-comptable a des profils importants dans les projets de restructuration. Il peut participer activement dans les projets SIO en qualité d'analyste d'affaires, analyste fonctionnel, analyste testeur et analyste de pilotage des systèmes. Ces dernières feront l'objet du prochain chapitre.

CHAPITRE 3 : L'EXPERT-COMPTABLE ET LES COMPÉTENCES ACQUISES POUR LA RÉSOLUTION DES PROBLÈMES EN SIO INFORMATISÉ

Le SIO est composé d'une partie manuelle et d'une autre informatisée. Dans ce chapitre nous allons concentrer sur les projets des SIO informatisés vu leurs importances.

Ce chapitre a pour objectif de :

- présenter les principales compétences techniques acquises ou à perfectionnées par l'Expert-comptable pour la résolution des problèmes en SIO informatisé.

Selon Dubé, L. et Bernier, C. (2011, p.29) :

> Leur rôle dans les entreprises s'étant élargi au cours de la dernière décennie, l'Expert-comptable doit développer ses compétences dans ce domaine puisque les TI [Technologies d'informations] font maintenant partie intégrante de la quasi-totalité des tâches qu'il a à effectuer […].

3.1 Les compétences de l'Expert-comptable en matière de gestion globale des systèmes

La majorité des projets SIO font partie intégrante des tâches réalisées habituellement par l'Expert-comptable dans le cadre de ses fonctions et de ses diligences normales, à titre d'un Commissaire aux comptes, d'un Contrôleur interne, d'un Directeur financier et d'un Auditeur externe. Il a les compétences nécessaires pour :

- établir le besoin en matière d'information financière et non financière ;
- déterminer et évaluer les risques liés à la gestion du système informatique et au retard technologique dans l'organisation ;
- auditer la fonction Technologie d'Information qui est le cœur du SIO informatisé de l'organisation. Ainsi, l'Expert-comptable doit comprendre les activités réalisées, leurs gestions et les risques résultants sur la qualité de l'information financière et la continuité d'exploitation de l'organisation ;
- formuler les recommandations pour gérer adéquatement les risques et faire face aux faiblesses constatées lors de son mandat.

À travers ses compétences, l'Expert-comptable est tenu de traiter le SIO (informatisé ou non) de l'organisation comme un composant de l'actif. Il doit s'assurer que les composantes de l'actif remplissent leurs objectifs, à savoir de créer de la valeur par un alignement sur la stratégie d'affaires et par l'amélioration de l'efficacité et de l'efficience des processus d'affaires. Par ailleurs, pour assumer ses responsabilités, l'Expert-comptable possède des outils lui permettant de détecter le niveau de maturité de gestion de SIO. En effet, une saine gestion de SIO repose sur :

- une vision claire et planifiée en fonction du temps et des changements probables dans le système informatique de l'organisation (Dubé, L. ; Bernier, C., 2011, p.13) ;
- un cadre de gouvernance SIO de qualité inspirée de la roue de Deming[13], en définissant les grands processus de gestion: organisation et planification, Réalisation des projets, Exploitation et soutien et la Surveillance du système ;
- la responsabilisation des acteurs organisationnels, systémiques ou humains en partageant les rôles et en séparant les tâches incompatibles ;
- la norme internationale en matière de gestion de système d'information (Ghrab, MI., 2009, pp.10-54)

En conclusion, l'Expert-comptable possède déjà les compétences académiques et professionnelles nécessaires pour

---

[13] Voir Glossaire

veiller à l'existence et la réalisation d'une bonne gestion globale de SIO. Elle nous permet de déduire les outils ci-dessous, qui s'ajoutent à la boîte à outils de l'Expert-comptable.

> **La boîte à outils de l'Expert-comptable**
>
> Lors de ses interventions en qualité de consultant en SIO, l'Expert-comptable possède un ensemble d'outils pour lui aider à accomplir sa mission. Ces outils sont :
> - La vision du SIO
> - Le cadre de gouvernance du SIO (processus et acteurs)
> - La fonction TI

3.2 Les compétences de l'Expert-comptable en matière de la planification

Lors de l'activité préliminaire dans un projet en SIO informatisé (figure 1), l'Expert-comptable intervient à l'étape de la planification. Il est tenu d'aborder les questions concernant le choix d'un système informatisé pour l'organisation et comment il peut apporter de la valeur ajoutée tout en protégeant la santé financière de l'organisation (Dubé, L., Bernier, C., 2011, pp.83-110). Il est tenu de :

- s'assurer, conformément au cadre de gouvernance de l'organisation, qu'elle a adopté un processus adéquat pour la planification stratégique de son système d'information et que les acteurs impliqués dans ce processus ont les compétences nécessaires ;
- s'assurer de l'existence de la chaîne logique suivante : Stratégie de l'organisation, stratégie des affaires (pour chaque processus d'affaires), stratégie de système d'information (qui va porter la stratégie d'affaires), enfin un plan directeur (servira d'outil afin d'opérationnaliser la stratégie SIO choisie) (figure 2) ;

Figure 2: Planification des projets SIO.

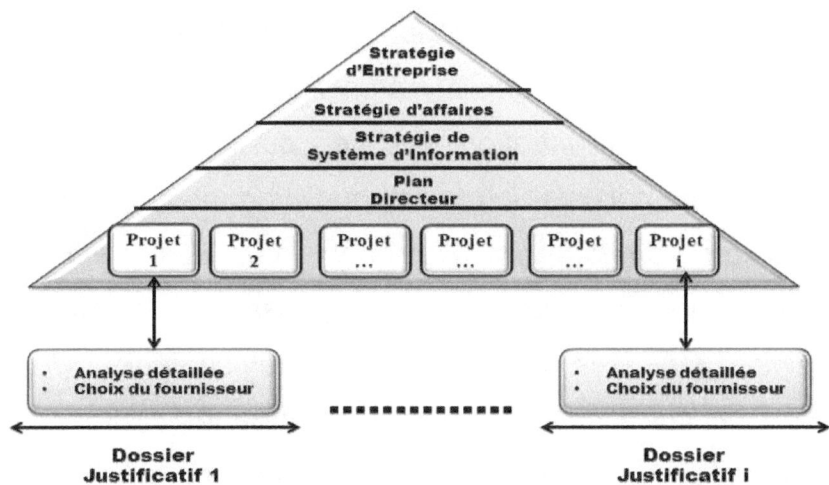

(*) La réalisation de cette figure est faite par Brahim Abbes.

- S'assurer que les investissements en système d'information appuient la stratégie d'affaires de l'organisation.

> *Cas : Une organisation qui a plusieurs partenaires stratégiques, elle peut investir en outils de collaboration à distance (réunion à distance...) et en systèmes interorganisations. C'est le cas par exemple de l'administration fiscale qui a pour stratégie administrative de collecter le maximum d'information sur l'actif et la solvabilité du contribuable, elle peut créer des systèmes de partenariats avec plusieurs autres organisations, telles que les institutions financières pour réaliser cette stratégie. Un autre exemple d'un qui a pour stratégie de réduire les coûts, elle peut investir dans un SI qui réduira les coûts comme un Progiciel de Gestion intégrée (PGI) et non pas dans un SIO qui vise le partenariat.*

Le plan directeur (figure 2) est composé de plusieurs projets, chaque projet doit faire l'objet d'une analyse détaillée de sa rentabilité qui sera documentée dans un dossier appelé « dossier de justification» à présenter au comité décisionnel. Sur la base des éléments contenus dans ce dossier, notamment le coût monétaire, temporaire et les bénéfices à réaliser, le comité sélectionne le projet le plus rentable et selon la priorité. Il alloue les ressources nécessaires pour sa réalisation. Le rôle de l'Expert-comptable est fondamental pour s'assurer de la sincérité et de la fiabilité du dossier de justification. <u>Il peut s'inspirer de ses habiletés et</u>

compétences en matière de contrôle de gestion et en matière d'audit. En effet, son objectif est de s'assurer de la fiabilité et de la sincérité des estimations des coûts et des bénéfices du projet. Bien qu'il soit difficile d'avoir des chiffres exacts, l'Expert-comptable met en place les compétences nécessaires pour s'assurer de la rigueur des estimations utilisées (ISA 540) (IFAC, 2009) et il peut s'aider par un expert en informatique externe (ISA 620) (IFAC, 2009). L'évaluation couvre le produit total à réaliser, « le coût total» à engager et « le bénéfice» à réaliser. L'Expert-comptable doit mettre en place et documenter les efforts raisonnables engagés pour faire face au risque d'une sous-évaluation des coûts à engager et/ ou de surévaluation des produits à réaliser.

Après avoir validé le coût total et le bénéfice de possession d'un nouveau système d'informatique, l'Expert-comptable peut avoir comme mission l'évaluation de la faisabilité financière de projet. Cette dernière sera réalisée avec la politique d'évaluation des projets d'investissement dans l'organisation. L'Expert-comptable excelle dans cette branche de la gestion financière. Il a recours à des techniques d'évaluation financière des projets. Certaines sont simples comme le délai de récupération (DR), le rendement capital investi (RCI) appelé en anglais *Return of Investment* ROI et d'autres plus sophistiquées qui tiennent compte de la valeur de l'argent dans le temps comme la valeur actualisée nette (VAN) et le taux de rendement interne du projet (TRI).

La planification stratégique du projet SI est cruciale pour la réussite. Elle ne constitue pas une étape isolée, mais elle doit être complétée avec des suivis et des ajustements durant la période de réalisation de projet. Il arrive que la mauvaise estimation du coût, du temps ou des ressources humaines lors de la planification du projet constitue une cause pour l'abandon ou l'acceptation de projet avec des pertes. C'est pour cette raison elle nécessite de la rigueur et un travail d'un professionnel.

En conclusion, cette compétence de l'Expert-comptable en matière de planification a montré qu'il possède déjà les compétences académiques et professionnelles pour veiller à la bonne planification, réalisation et surveillance du plan directeur des projets. Elle nous permet de déduire les outils suivants qui s'ajoutent à la boîte à outils de l'Expert-comptable.

La boîte à outils de l'Expert-comptable

Lors de ses interventions en qualité de consultant en SIO, l'Expert-comptable possède un ensemble d'outils pour lui aider à accomplir sa mission. Ces outils sont :
- Le processus de planification stratégique des systèmes
- Le dossier de justification d'un projet SIO
- La gestion des budgets SIO

3.3 Les compétences de l'Expert-comptable en matière de l'approvisionnement

Le processus d'approvisionnement en système informatisé est une activité complexe vu l'importance du budget. En cas de faiblesse dans ce processus, certains projets peuvent impacter négativement la santé financière de l'organisation et même sa continuité d'exploitation. L'Expert-comptable, comme gardien de la santé financière, peut jouer plusieurs rôles cohérents avec ses compétences (Dubé, L., Bernier, C., 2011, pp.111-148), notamment :

- d'établir ce processus d'approvisionnement, s'il n'existe pas chez l'organisation ;
- former un comité de sélection multidisciplinaire (Direction des technologies d'informations et autres directions) ;
- comprendre la situation actuelle par le comité de sélection multidisciplinaire et les utilisateurs ;
- analyser les besoins et rédiger le cahier des charges par le comité multidisciplinaire et approbation par la Direction des technologies d'informations ;
- rédiger et expédier l'appel d'offres ;
- répondre aux questions par un membre du comité;
- recevoir et expédier les soumissions ;

- formuler une recommandation par le comité de sélection multidisciplinaire au comité de Direction des technologies d'information pour l'approbation ;
- d'appliquer rigoureusement le processus de qualité lors de l'externalisation du processus d'approvisionnement ;
- de faire l'audit de processus d'approvisionnement ;

Dans son rôle de consultant, l'Expert-comptable a les connaissances académiques et professionnelles pour :
- comprendre les modes d'approvisionnement offerts à l'organisation (Dubé, L., Bernier, C., 2011, p.114) ;
- comprendre le besoin de l'organisation ;
- réaliser un suivi rigoureux de processus d'approvisionnement en s'assurant de :
    - ✓ l'intervention des bons acteurs dans le processus de validation, d'autorisation et de choix du fournisseur ;
    - ✓ la cohérence entre le mode d'approvisionnement et le besoin de l'organisation ;
    - ✓ la bonne conception de fonctionnement de processus d'approvisionnement ;
    - ✓ le respect par le soumissionnaire du besoin de l'organisation, le budget mis en place pour le projet et la fiabilité et la sécurité des données de l'organisation.

La particularité du processus d'approvisionnement est qu'il encadre le choix du fournisseur et même sa relation avec l'organisation au cours et après le contrat. Ce processus s'achève par un rapport appelé « dossier de justification» qui va inclure le résultat de processus d'approvisionnement. Ce rapport porte l'organisation à faire son choix du fournisseur.

En conclusion, l'Expert-comptable possède déjà les compétences nécessaires académiques et professionnelles pour veiller à la planification, à la réalisation et à la surveillance du processus d'approvisionnement dans les projets SIO. Les paragraphes précédents nous permettent de déduire les outils suivants qui s'ajoutent à la boîte à outils de l'Expert-comptable.

La boîte à outils de l'Expert-comptable

Lors de ses interventions en qualité de consultant en SIO, l'Expert-comptable possède un ensemble d'outils pour lui aider à accomplir sa mission. Ces outils sont :
- Les modes d'approvisionnement

3.4 Les compétences de l'Expert-comptable en matière de gestion de projets

Suite au processus de planification stratégique, l'organisation a élaboré un plan directeur de ses projets en matière de système d'information informatisé. Il s'agit d'un portefeuille de projets probable à réaliser parce qu'il porte de la valeur ajoutée à l'organisation en appuyant sur les processus d'affaires. Ses projets feront l'objet de classement par priorité. La demande de réalisation de ce dernier fera l'objet d'une analyse détaillée (Coût, temps, rentabilité financière de l'investissement, mode d'approvisionnement) qui va prendre la forme d'un dossier de justification (*business case*). Ce dernier est présenté pour l'approbation par le comité des investissements et par la direction de l'organisation. Cette approbation est le fait générateur de déclenchement de sa réalisation.

L'Expert-comptable qui a assumé le poste de gestionnaire des mandats classiques de commissariats aux comptes et ayant le pouvoir de gérer un ensemble de chefs d'équipe a les mêmes connaissances, compétences, habiletés et diligences pour gérer un projet en SIO informatisé. En effet, un projet en SIO est composé aussi de plusieurs chefs d'équipe selon la spécialité comme l'architecte fonctionnel (le chef d'équipe des Analystes fonctionnels), l'architecte d'affaires (le chef d'équipe de l'analyste d'affaires) et l'architecte organique (le chef d'équipe des programmeurs).

Par ailleurs, la réussite de la gestion du projet SIO informatisé est un facteur important pour la réussite de la réalisation du projet lui-même. Les compétences de l'Expert-comptable dans la gestion des programmes de travail en matière d'audit sont les mêmes en matière de gestion de projet informatique. L'Expert-comptable a les compétences pour adapter le processus de gestion de projet et son niveau de formalisation selon la taille de l'organisation et l'importance du projet sur la santé financière de l'organisation. Pour perfectionner ses compétences en gestion des projets, l'Expert-comptable peut aller chercher à obtenir une certification en management des projets comme le *Project Management Professional* (PMP). Il s'agit d'une certification en management de projets, dont le programme d'accréditation est géré par l'association professionnelle à but non lucratif *Project Management Institute* (PMI)[14]. Dans ce domaine de gestion de projets, l'Expert-comptable détient déjà plusieurs outils utilisés dans la gestion des mandats en matière de mission classique d'audit, à titre d'exemple pour communiquer sur l'avancement du projet, il utilise le diagramme de GANTT[15] pour les mandats simples et le diagramme de PERT [16](*Program Evaluation and Review Technique*) pour les mandats qui contiennent des tâches interdépendantes.

L'Expert-comptable gestionnaire de projet est tenu selon son expérience de suivre un cadre référentiel pour la gestion des projets ou en cas d'absence, d'inspirer de ses expériences en suivant les pratiques d'excellence dans la matière. Il nomme les chefs d'équipes compétents pour le projet. Il s'assure de l'existence

---

[14] Voir Glossaire
[15] Voir Glossaire
[16] Voir Glossaire

d'une méthodologie de développement de système, <u>qui doit être intégré</u>, dans la méthodologie de gestion des projets, comme l'approche classique (cycle en cascade) et l'approche Agile (méthode XP et méthode Scrum). L'existence de la cohérence entre la méthodologie de gestion et la méthodologie de développement amène avec rigueur à la bonne réalisation du projet.

Finalement, pour gérer le risque d'échec du projet, l'Expert-comptable a la capacité de :

- s'assurer que les activités du projet sont réalisées par des ressources compétentes, conformément aux cadres de gouvernance SIO et les pratiques d'excellences connut dans le domaine de gestion des projets ;
- conseiller les intervenants en gestion de projet SI dans le processus de planification, de suivi et de contrôle dans les projets de développement et d'amélioration de systèmes, et ce en tenant compte des orientations stratégiques de l'organisation ;
- déterminer et documenter les besoins des intervenants en gestion de projet quant aux mécanismes de planification, d'évaluation, de coordination, de gestion, de contrôle et de suivi des activités ;

- collaborer, avec les autres conseillers, à la mise à jour des cadres de gestion, à la coordination des projets et à la présentation de rapports aux responsables.

En conclusion, les paragraphes précédents nous permet de montrer que l'Expert-comptable possède les compétences nécessaires académiques et professionnelles pour gérer un projet SI, mais qu'elles nécessitent de l'amélioration pour tenir compte des particularités de projet en système informatisé. Elles nous permettent d'ajouter d'autres éléments à la boîte à outils de l'Expert-comptable.

La boîte à outils de l'Expert-comptable

Lors de ses interventions en qualité de consultant en SIO, l'Expert-comptable possède un ensemble d'outils pour lui aider à accomplir sa mission. Ces outils sont :
- La gestion des projets SIO
- La certification professionnelle en gestion des projets PMP
- Les outils comme PERT, GANTT…

3.5 Les compétences de l'Expert-comptable dans la mise en service d'un système informatique

La mise en service d'un nouveau système est un processus important pour la réussite du projet (Chtara, W., 2011, pp. 87-110). Il vise <u>deux grands objectifs</u>, à savoir :
- la réalisation d'une intégration harmonieuse entre la technologie, l'organisation et les utilisateurs ;
- le passage sécuritaire de l'ancien système informatique au nouveau ;

Ce processus est composé <u>de plusieurs activités</u> (installation de matériel hardware, la liaison entre les programmes informatiques *« software»* et l'adaptation des systèmes avec les nouveaux besoins, gestion du changement organisationnel et humain). Deux activités sont d'un grand intérêt pour l'Expert-comptable. Premièrement, la stratégie de mise en service de nouveau système informatique et deuxièmement, la conversion des données de l'ancien système informatique au nouveau.

<u>Pour la mise en service</u>, elle constitue une étape critique. L'Expert-comptable peut jouer plusieurs rôles cohérents avec ses compétences notamment:
- de s'assurer qu'une stratégie de mise en service a été déjà établie et qu'elle tient compte du contexte de l'organisation,

du contexte du projet, de la complexité et les caractéristiques du SI et le niveau global du risque, ainsi,
- de s'assurer que le processus de conversion des données n'exposera pas l'organisation à des risques, à des coûts et à des délais imprévus.

Pour la conversion des données, c'est un sous-processus complexe du processus de mise en service. L'Expert-comptable est un membre important dans l'équipe de surveillance de l'intégrité, l'intégralité des données transférées, de la traçabilité et de la confidentialité des données ainsi de la non-interruption des processus d'affaires dans l'organisation. Il a des responsabilités avant, lors et après la conversion des données :
- Avant la conversion, l'Expert-comptable assiste l'équipe de conversion dans la détermination des données à convertir, leurs sources, leurs formats…et conserve une « *image*» des données avant leurs conversions.
- Lors de la conversion, il veille à la sécurité des processus d'affaires afin de ne pas mettre en péril les nouvelles données. Plusieurs stratégies peuvent être offertes, soit l'arrêt total des transactions pour des petits délais afin de réaliser la conversion ou la réalisation en parallèle de la conversion tout en mettant en place d'un plan de secours.
- Après la conversion, un travail rigoureux de suivi des transactions pour détecter les écarts et les anomalies

possibles. L'Expert-comptable prend une « *image*» des données après leur conversion et fait le rapprochement avec celle avant la conversion. Un travail aussi plus important sera fait pour la recherche des causes de ces anomalies afin de résoudre l'anomalie de paramétrage ou de programmation dans les unités fonctionnelles du nouveau système. Il s'assure de la documentation de son travail sur les anomalies détectées, les anomalies corrigées et non corrigées, les sources de ces anomalies, les mesures de sécurité prises et leurs impacts sur la santé financière de l'organisation.

L'Expert-comptable peut utiliser les outils informatiques d'aide à la décision pour exécuter la tâche de détection automatique des écarts et leurs sources en utilisant Microsoft Excel. Si le projet est de taille importante, il peut s'outiller par des logiciels destinés à cette tâche. Notant qu'il est habitué à utiliser ces outils informatiques lors de l'audit pour rapprocher les sources des données.

En conclusion, les paragraphes précédents nous permettent de montrer que l'Expert-comptable possède les compétences nécessaires académiques et professionnelles pour vérifier la conception et l'application de la stratégie de mise en service et pour surveiller le processus de conversion des données de l'ancien système vers le nouveau. Elles nous permettent aussi d'ajouter d'autres éléments à la boîte à outils professionnelle.

La boîte à outils de l'Expert-comptable

Lors de ses interventions en qualité de consultant en SIO, l'Expert-comptable possède un ensemble d'outils pour lui aider à accomplir sa mission. Ces outils sont :
- La stratégie de mise en service
- Le plan de conversion des données (Plan de migrations)
- Le test automatique des données (Microsoft Excel et autres logiciels de *Testing*)

3.6 Les compétences de l'Expert-comptable en matière de gestion des risques

La gestion de risque informatique est une obligation qui s'impose sur les organisations modernes selon leurs tailles et leurs niveaux de dépendance aux technologies. La première responsabilité est de gérer ce risque dans le cadre de gouvernance des SI selon les bonnes pratiques de gestion des SI et les normes correspondantes. Certaines associations professionnelles ont développé des outils pour aider les organisations à gérer le risque résultant des technologies comme l'ISACA[17] (*Information System Audit and control Association*) qui a produit le cadre de gestion COBIT (*Control Objectives for information and Related Technology*) et offre plusieurs certifications professionnelles notamment la CISA (*Certified Information Systems Auditor*) pour les experts comptables (Dubé, L., Bernier, C., 2011, p.239).

L'Expert-comptable peut exploiter ses compétences pour s'assurer que le projet de développement de SI, ou de l'acquisition de solution a fait l'objet d'une couverture des risques probables et que des mesures de sécurité sont mises en places pour gérer ce risque informatique. L'Expert-comptable est capable de s'assurer que le cadre de gouvernance SI de l'organisation contient les

---

[17] http://www.isaca.org [consulté en 2013]

processus pour l'évaluation, la mise à jour et l'évolution continue des mesures de contrôle des solutions informatiques. Pour remplir efficacement ces diligences, l'Expert-comptable possède plusieurs outils:

- assister aux réunions de discussion sur le projet informatique pour la compréhension de l'architecture interne de la solution informatique ;
- consulter des documents descriptifs de la solution notamment :
    - ✓ les dossiers fonctionnels qui sont faits avec un langage compréhensible par l'utilisateur ;
    - ✓ le dossier utilisateur qui comprend une description des fonctionnalités de la solution et son guide d'utilisation;
    - ✓ le dossier d'erreurs, qui comprend l'ensemble des erreurs détectées par l'analyste testeur et le programmeur et qui sont corrigées ou détournées par d'autres mesures ;
- tester la solution en ré-exécutant les mêmes tests contenus dans le dossier des erreurs et faites par l'analyste testeur et le programmeur sur d'autres échantillons. Le dossier des erreurs comprend les méthodes utilisées par les différents intervenants (Testeur et programmeur) pour tester la solution ;

- tester la solution en faisant d'autres conceptions de tests en s'inspirant des assertions informatiques (DIC : Disponibilité, Intégrité, Intégralité et Confidentialité) et en s'inspirant du « *benchmarking*» ;
- appliquer les normes[18] ISO 27001et 27002 concernant le management des systèmes d'informations [(Fernandez-Toro, A., 2012) et (Ghrab, Ml., 2009, pp.10-54)]
- en cas de nécessité, l'expert peut demander des éclaircissements et des explications par les membres de l'équipe informatique. En cas de doute important, l'avis d'un expert informatique sera conseillé.

L'aspect humain est très important dans l'environnement de contrôle interne et surtout en informatique. Selon Dubé, L. et Bernier, C. (2011, p.262) : « *[...], l'Expert-comptable devra s'assurer que l'entreprise possède les compétences pour cerner pertinemment les risques, évaluer leur portée et bien choisir et gérer les mesures de contrôle*». L'Expert-comptable a la capacité de s'assurer de l'existence d'un support informatique interne ou externe ayant les compétences requises pour la gestion permanente des risques de la solution.

Les paragraphes précédents nous permettent de montrer que l'Expert-comptable a acquis les compétences nécessaires

---

[18] Voir glossaire

académiques et professionnelles pour gérer les risques liés aux solutions informatiques. Elles nous permettent aussi d'ajouter de nouveaux éléments à la boîte à outils.

La boîte à outils de l'Expert-comptable

Lors de ses interventions en qualité de consultant en SIO, l'Expert-comptable possède un ensemble d'outils pour lui aider à accomplir sa mission. Ces outils sont :

- Les normes ISO 27001 et 27002, COBIT et certification CISA de l'ISACA

En conclusion, les compétences présentées ci-dessus sont à titre indicatif. Le développement permanent des SIO informatisés ainsi que leur complexité sans cesse croissante impose des nouvelles compétences pour l'Expert-comptable consultant. Certaines de ces dernières sont acquises et d'autres à obtenir. Ces compétences en SIO informatisé suscitent aussi l'intérêt de l'Expert-comptable dans ses différents types de missions à cause de leur capacité d'influencer la situation financière et la performance de l'organisation. Selon Dubé, L. et Bernier, C. (2011, p.3) :

> Les compétences requises en matière de gestion des technologies de l'information se sont dès lors accentuées. L'exercice de la profession comptable exige maintenant une compréhension étendue des TI, de leur bonne gestion des risques qui y sont rattachés et de leur impact sur la santé financière et la performance de l'organisation ainsi que sur la qualité de l'information comptable.

L'acquisition de ces compétences et leurs perfectionnements par l'Expert-comptable constituent un premier outil nécessaire pour relever le défi de la reformulation et la résolution des problèmes complexes en matière des systèmes d'information. Toutefois, ces compétences restent insuffisantes sans être encadrées dans une méthodologie structurée d'intervention lors d'un mandat de consultation.

CONCLUSION DE LA PREMIÈRE PARTIE

L'intervention de l'Expert-comptable en mandat de consultation peut avoir trois formes comme présentées dans cette partie. Cependant, dans le domaine de SIO le modèle de « *la consultation centrée sur les processus*» (CCP) est le plus adéquat. En effet, ce modèle constitue un processus social. Il est basé sur la collaboration entre l'Expert-comptable et son client dans un processus de co-création des connaissances et de coproduction de solution.

Par ailleurs, un mandat en consultation en SIO est un mandat qui nécessite un processus social, mais aussi des compétences techniques. L'Expert-comptable, avec les connaissances acquises durant sa formation académique et professionnelle, est capable de remplir plusieurs fonctions en matière de gestion des SIO. À titre d'exemple nous citons : la gestion globale, la gestion de projet, la gestion des risques, la gestion du changement, la gestion de l'approvisionnement dans les projets, la mise en service d'un nouveau système et son soutien, ainsi que le pilotage des systèmes et le « *testing*». Par conséquent, l'Expert-comptable est un acteur actif dans le processus de restructuration des SIO en tant que consultant, en jouant le rôle d'analyste d'affaires, d'analyste fonctionnel, d'analyste testeur et d'analyste de pilotage des systèmes.

Notant que, cette partie, nous permet d'ajouter de nouveaux éléments dans la boîte à outils professionnelle de l'Expert-comptable, à savoir :

- « *la Consultation Centrée sur les Processus*» (CCP)
- Le processus structuré pour la restructuration en SIO informatisé
- Autres éléments liés à chaque compétence technique seront présentés dans l'annexe 1

En conclusion, l'Expert-comptable dans un processus social en mode de « *Consultation Centrée sur les Processus*» (CCP) et avec ses compétences techniques et expériences professionnelles peut agir efficacement pour la reformulation et la résolution des problèmes complexes en SIO. Ce souci pour le processus social a donné naissance à plusieurs méthodologies d'intervention notamment la méthodologie « *Strategic Options Development and Analysis*» (SODA), qui fera l'objet du tome II de ce livre.

DEUXIÈME PARTIE : Les problèmes complexes en SIO et les défis de la mission de l'Expert-comptable

Nous avons traité dans la première partie, les trois acteurs à savoir : l'Expert-comptable, le SIO et la consultation. Dans cette partie, nous allons encadrer la complexité des problèmes dans les SIO, présenter les solutions possibles, ajouter de nouveaux éléments à la boîte à outils de l'Expert-comptable.

La figure suivante visualise notre approche. En effet, <u>le premier chapitre</u> va traiter la complexité des problèmes en SIO, <u>le deuxième chapitre</u> va exposer l'apport de l'approche en équipe dans la résolution de certains problèmes complexes et <u>le troisième</u> va présenter les stratégies à suivre par l'Expert-comptable.

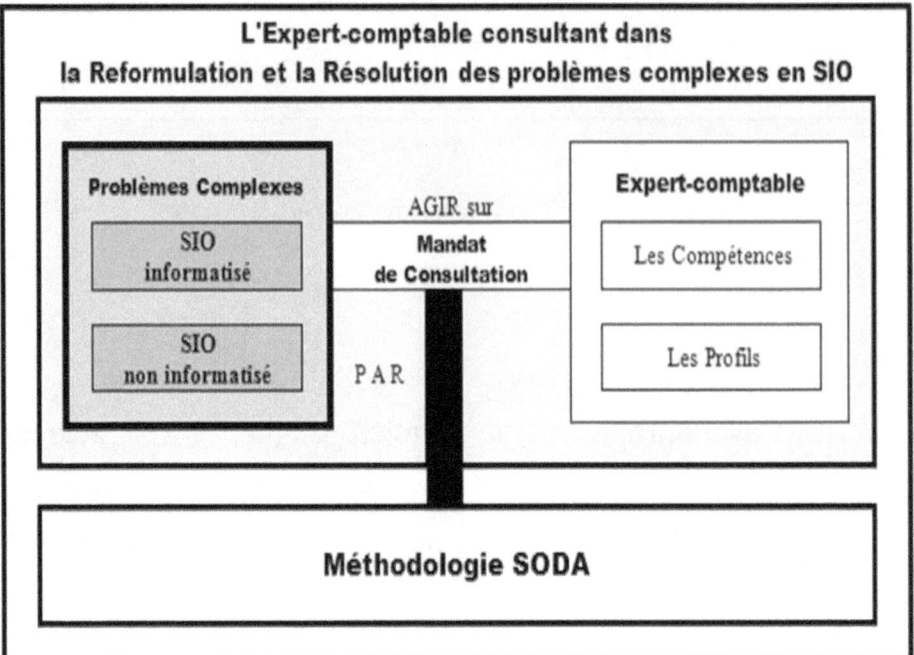

N. B. Nous allons utiliser dans cette partie et le reste de ce livre la technique de « raisonnement par analogie» pour faciliter la compréhension de certaines particularités du SIO
.

CHAPITRE1 : LES PROBLÈMES COMPLEXES DE L'ARCHITECTURE EN SIO

L'existence d'un problème dans l'organisation est une condition pour qu'un responsable appelle un consultant. <u>Dans le cas d'un problème simple</u>, les responsables de l'organisation se contentent à résoudre eux-mêmes ce type de problème. Toutefois, <u>pour d'autres problèmes</u>, le traitement en interne n'est pas évident. Par conséquent, le responsable de l'organisation appelle un consultant externe vu la complexité de la situation. Ce dernier a besoin d'un niveau suffisant de compréhension de la situation, d'analyse et de collaboration du personnel afin de reformuler le problème réel et participer à sa résolution.

Ce chapitre a pour objectif de :
- permettre au lecteur de comprendre la notion de « problème» et celle de « la complexité» en SIO ;
- présenter les sources de complexités des problèmes organisationnels.

1.1 La notion de problème en SIO (simple/ complexe structuré/ complexe non ou mal structuré)

La notion de problème complexe est un sujet qui a touché plusieurs disciplines depuis longtemps. La nouveauté est l'apparition de la notion de gouvernance de système d'information dans l'organisation, par conséquent, l'étude des problèmes complexes en SIO est un sujet qui est toujours d'actualité. Dans l'administration des organisations, on classe les opérations et les évènements de l'exercice financier en deux catégories, à savoir simple (habituels et répétitifs) et complexe (inhabituels et exceptionnels). Dans cette dernière catégorie, il existe les opérations inhabituelles qui ont déjà été traitées dans le passé par l'organisation elle-même ou par d'autres organisations appelées « opérations complexes structurées». Ainsi, il existe aussi des opérations et des évènements qui n'ont pas de cadre solutionnaire dans l'expérience pragmatique appelée « opérations complexes non ou mal structurés». Dans ce cadre, et par analogie, les problèmes en SIO possèdent la même classification. En effet, nous parlons des problèmes organisationnels simples, des problèmes organisationnels complexes structurés et des problèmes organisationnels complexes non ou mal structurés.

Par ailleurs, <u>un problème organisationnel structuré</u> est un problème qui a été formulé et cette formulation a fait l'objet d'un consensus. La solution à cette formulation a fait aussi l'objet d'un accord surtout à cause de son succès pratique. La solution retenue n'est pas celle optimale, mais c'est la solution la plus satisfaisante compte tenu des connaissances disponibles. Dans ce cadre, les problèmes structurés sont ceux qui ont pu être formulés et résolus, pour cette raison ils ne sont plus un problème.

Selon Maurice Landry (1988, p.43) :

> Un problème structuré est donc un problème pour lequel il existe une formulation reconnue publiquement. Un problème est non structuré lorsqu'une telle formulation est absente. En conséquence, les problèmes complexes, qui se caractérisent principalement par une difficulté de représentation, sont nécessairement non structurés [...].

Ainsi, les problèmes qui n'ont pas été formulés sont dits « des problèmes non ou mal structurés», qui n'ont pas une solution modèle prête ou une norme professionnelle à respecter. Il s'agit des problèmes obscurs et par conséquent difficiles à aborder et à résoudre et en-cas où le responsable de l'organisation adopte une solution selon ses connaissances, la solution retenue ne produit pas tous les effets escomptés ou encore elle produit d'autres non prévus et non désirés. Il s'agit des problèmes qui entrent dans la catégorie des problèmes stratégiques, qui sont par nature des problèmes déterminants (Maurice Landry, 1988, p.35). La solution n'est pas évidente, ce type de situation obscure doit faire l'objet d'un processus de reformulation pour identifier le problème réel et de résolution pour chercher une solution adéquate. Ce livre vise à présenter une méthodologie qui supporte ce processus, mais avant, nous allons présenter la notion de la complexité en SIO.

1.2 La complexité de l'architecture en SIO

Dans le monde des organisations, la complexité est au cœur des difficultés qui marquent les relations entre les décideurs et des consultants. Les décideurs se retrouvent jour après jour dans des situations obscures et les consultants tentent de relever le défi de la complexité en proposant leurs services à travers une méthodologie structurée. Nous abordons ce sujet en présentant quelques recherches récentes et anciennes qui se sont véritablement attardées à approfondir le concept de la complexité. Nous ne traitons pas dans ce chapitre toutes les sources de la complexité des problèmes en SIO, mais nous essayons de présenter les plus remarquables.

Un SIO est composé de trois éléments (figure 3).

Figure 3: Les sources des problèmes complexes en SIO (*) :

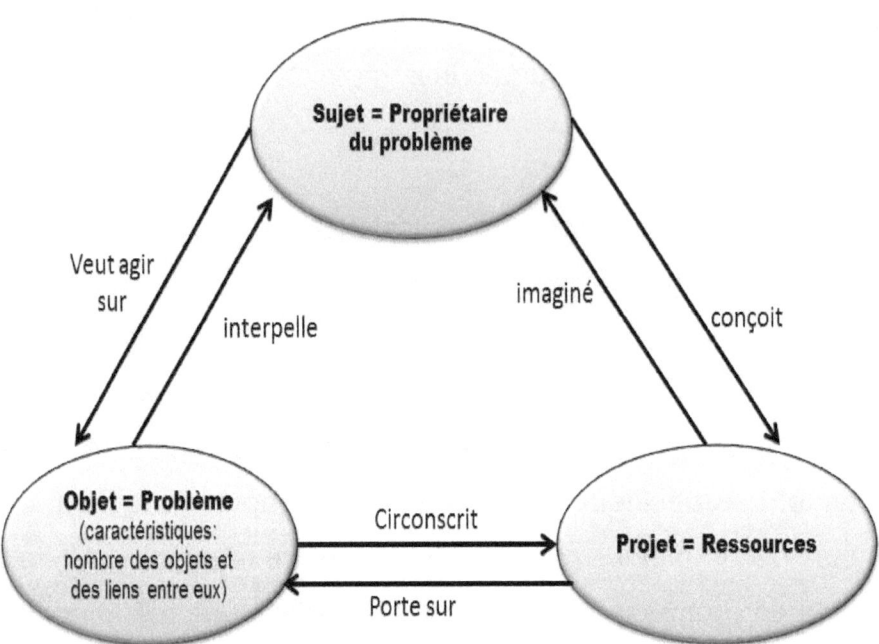

(*) Inspiré de la trialectique Sujet-Objet-Projet

- **Le Sujet** est l'ensemble des responsables décideurs dans l'organisation. En cas de problème, le Sujet est le client propriétaire du problème.
- **L'Objet** est formé par les acteurs du système soit des êtres humains soit un système informatisé ou non informatisé.
- **Le Projet** est l'ensemble des ressources nécessaires pour résoudre un problème.

La complexité en SIO s'interprète de plusieurs manières. D'un côté, elle peut être la difficulté de prendre en compte d'un nombre important des éléments dont un client estime devoir tenir compte lorsqu'il tente de se représenter un problème sur lequel il veut intervenir. Cette difficulté a pour conséquence d'affecter négativement le résultat de la prise de connaissance. Cette dernière affecte en premier lieu la représentation du problème qui en découle, qui sera incomplète et non précise et en deuxième lieu, affecte la planification de projet d'intervention sur le problème, composé par les ressources nécessaires humaines, financières, technologiques, etc. D'un autre côté, la complexité en SIO peut résulter de la richesse de la prise de connaissance par les clients intervenants. Chacun a sa manière de *voir*, chose qui peut conduire à plusieurs représentations d'un problème. Par conséquent, la complexité en SIO reflète l'existence d'une complexité au niveau de l'un de ses trois éléments composants et le problème est dit complexe, lorsque cette complexité touche au moins un élément. Ainsi, nous abordons la complexité des problèmes à travers la contribution du Sujet (le client), la contribution de l'Objet (le problème) et en retardant sur l'interaction Sujet-Objet.

1.2.1 La contribution de l'Objet dans la complexité d'un problème

L'Objet est sur lequel porte le problème. Il est composé des acteurs du système : les êtres humains, les systèmes informatisés et les systèmes non informatisés. La complexité de l'Objet en SIO peut être définie à partir du nombre des Objets (des sous-problèmes) composants et du niveau de lien entre eux. Dans ce cadre, plusieurs degrés de la complexité des problèmes peuvent être cernés. D'abord, il existe les problèmes simples en SIO, qui possèdent un nombre très limité d'Objets et un nombre très limité de relations entre ses Objets. Ensuite, il existe les problèmes complexes organisés composés de plusieurs Objets avec des interrelations très simples. Enfin, nous trouvons les problèmes complexes désorganisés. Ils sont composés par plusieurs Objets avec des interrelations illimitées. Dans les deux derniers types de la complexité, nous trouvons la notion « d'organisation des Objets». Ils prennent une forme de structure et d'architecture, à titre d'exemple, les problèmes complexes organisés de structure arborescente (figure 4).

Figure 4: Complexité organisée (à gauche) et Complexité désorganisée (à droite) en SIO (*).

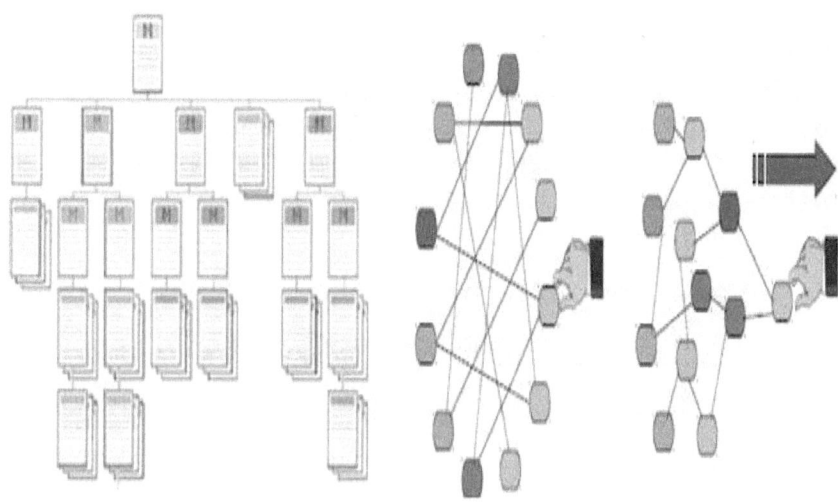

(*) La réalisation de cette figure est faite par Brahim Abbes

Selon Landry, Maurice (1988, p.37) :
> Dans un texte portant sur l'architecture de la complexité, Simon [Herbert Simon] suggère que la complexité observée dans les systèmes concrets prend souvent la forme d'une arborescence constituée à partir de formes intermédiaires stables. Les systèmes arborescents ainsi constitués ont l'intéressante propriété d'être souvent décomposables ou quasi décomposables en sous-systèmes qui correspondent précisément à ces formes intermédiaires stables.

À ce stade, nous pouvons conclure que <u>la qualification d'un problème en tant que simple ou complexe</u> dépend du nombre des Objets (des sous-problèmes) composants et du nombre des liens existants entre eux, en tenant compte que ses Objets peuvent être des êtres humains ou des sous-systèmes dans l'organisation. Dans les problèmes dits complexes, il existe :

- <u>des problèmes organisés</u> parce qu'ils possèdent une architecture claire et facile à comprendre et à résoudre certains problèmes <u>désorganisés</u> ;
- <u>des problèmes complexes structurés</u> parce qu'ils ont fait déjà l'objet de processus de formulation et de résolution ;
- <u>des problèmes complexes non structurés</u> qui sont en attente de formulation et de résolution.

Nous synthétisons cette présentation dans le tableau 2. Notons que, l'appel par l'organisation à un consultant est conditionné par la qualification de la nature de problème. Pour un problème simple, c'est très rare que l'organisation investisse dans une consultation. Par contre, dans un problème complexe, il est fréquent qu'elle fasse appel à un consultant.

Tableau 2 : Qualification d'un problème en SIO

Problème			Nombre des Objets	Nombre de lien	Architecture	Demande de consultant
Simple			+	+	Claire	Rare
Complexe	Structuré	Organisé	+++	+	Claire	Moyenne
		Désorganisé	+++	+++	Non claire	Moyenne
	Non Structuré	Organisé	+++	+	Claire	Très élevée
		Désorganisé	+++	+++	Non claire	Très élevée

1.2.2 La Contribution du Sujet dans la complexité du problème

Le Sujet est le responsable propriétaire du problème dans l'organisation. La complexité s'interprète dans ce cadre, à travers le niveau de la prise de connaissances par les responsables d'une organisation et à travers la nature de leur formation académique. Ces derniers affectent significativement leur représentation du problème et par conséquent affectent la nature de la solution apportée pour le résoudre. *À titre d'exemple,*

un Directeur d'une usine ayant une formation d'ingénieur va porter plus d'attention à l'activité de production et de stockage en mettant à côté la partie administrative. Alors qu'un Directeur de la même usine ayant une formation académique d'un financier va porter plus d'attention sur l'aspect financier.

En plus, pour certains problèmes, les responsables n'ont pas le niveau de connaissances suffisant pour traiter la situation problématique. Par conséquent, le niveau de connaissances influence le mode de gestion de l'organisation et la manière de définir les problèmes. Peter Senge (1991, p.226) explique que cette diversification des représentations est due à la richesse du modèle mental du client. Il a confirmé que:

> La raison pour laquelle ces modèles mentaux sont si influents est évidente. Ils influencent profondément notre manière de voir. Deux personnes peuvent assister au

même évènement et en faire un récit totalement différent. Ils n'auront pas observé les mêmes détails.

Pour conclure, la manière d'interprétation d'un problème par le client suite à sa subjectivité contribue à la complexité du problème en SIO. En effet, pour assurer l'objectivité du traitement, l'organisation fait appel à un consultant externe et à adopter une méthodologie de production de connaissances comme la « *Strategic Options Development and Analysis*» (SODA) qui fera l'objet du tome II.

1.2.3 La contribution du rapport Sujet-Objet dans la complexité du problème

Dans une mission d'audit financier, l'auditeur a pour objectif de donner son opinion sur la situation financière et la performance de l'organisation. Cette opinion ne peut être conclue qu'après un processus de compréhension suffisante de l'environnement de l'organisation, en collectant un ensemble d'informations et d'éléments probants suffisants et appropriés. Cette banque d'informations fera l'objet de traitements et d'analyses pour tirer les conclusions convenables. Par analogie, le processus de traitement d'un problème au sein d'une organisation est le même que celui de l'audit financier. Toutefois, l'objectif du Sujet (client), en collectant les informations sur l'Objet (problème), est différent. Il s'agit d'améliorer une capacité de prédiction et de contrôle suffisante afin d'atteindre une grande maîtrise des composantes du SIO. Notant que cette phase de collecte d'informations par le Sujet (le client) sur l'Objet (le problème) est influencée par les limites ci-dessus propres au sujet.

L'exemple précédent de Directeur de l'usine démontre clairement que :

- il est insuffisant de se référer uniquement à la contribution de l'Objet ou à la contribution du Sujet pour résoudre la complexité d'un problème. Le rapport qui s'établit entre le Sujet et l'Objet (le problème) est primordial pour déterminer le degré de maîtrise du problème par le Sujet.

- Il existe pour un même problème réel, plusieurs représentations. Chaque Sujet va *voir*, traiter et analyser le problème d'une manière différente.

> *Cas : Pour un même problème de réduction de chiffre d'affaires en année (N), les perspectives se diffèrent : un Directeur de formation comptabilité regarde le problème comme la possibilité de non-comptabilisation exhaustive des ventes ou de fraude. Alors que pour un Directeur de formation commerciale considère le problème comme la saturation du marché interne et l'entrée de nouveau concurrent.*

En conséquence, il existe plusieurs représentations pour un même problème résultant de l'influence de la prise de connaissance par un Sujet (client). <u>Il s'agit d'un problème de perception résultant</u> de l'interaction entre plusieurs Sujets (clients) et un seul Objet (problème). Par conséquent, « *Un problème n'est donc pas donné, il faut plutôt le considérer comme un construit*» (Landry, M. et Malouin, JL., 1983, p.5). Toutefois, l'existence du même contexte organisationnel même ressources (financières, technologiques, humaines...) et l'utilisation d'une même méthodologie d'intervention sur l'Objet (problème), pour les différents Sujets (Directeur-Ingénieur, Directeur-Comptable, Directeur-Informaticien...) permet de réduire le nombre des représentations et de limiter les rapports entre le Sujet et l'Objet (problème).

En conclusion, la complexité des problèmes organisationnels est une résultante de la contribution de chaque composant de l'architecture du SIO. Le Sujet (client) contribue par sa subjectivité et l'Objet (problème) contribue par le nombre des sous-Objets composants et le nombre des liens entre eux. Toutefois, il y a lieu de signaler que le rapport entre le Sujet-Objet (client-problème) participe énormément dans la complexité en créant plusieurs images pour un même problème réel. Cette situation empêche d'atteindre un niveau suffisant de prédiction et de contrôle pour maîtriser l'Objet-problème par le Sujet (client) afin de déterminer la solution convenable. D'un autre côté, la solution à proposer par le client dépend de la qualification du problème. Il existe des problèmes complexes structurés et des problèmes complexes non ou mal structurés.

CHAPITRE2 : L'APPROCHE EN ÉQUIPE ET LES PROBLÈMES COMPLEXES

Dans le présent chapitre, nous allons démontrer les effets de l'approche en équipe sur la formulation et la résolution des problèmes complexes en SIO à la lumière des questions suivantes :

1. Quelle forme de consultation présentée, qui fait appel à l'approche en équipe ?
2. Comment l'approche d'intervention en équipe peut-elle contribuer à la résolution des problèmes organisationnels complexes?

2.1 Les modèles de consultation et l'approche en équipe

Le degré de collaboration entre le consultant et le client dépend de types de modèle de consultation.

- <u>Dans le modèle expert</u>, le client a fait unilatéralement l'ensemble des activités et présente sa demande pour acheter une expertise auprès d'un consultant qui répond exactement à la demande de client, par conséquent, il n'existe aucun travail d'équipe.
- <u>Dans le modèle médecin</u>, le consultant établit le diagnostic nécessaire et offre le remède nécessaire avec une faible intervention du client, par conséquent, le travail d'équipe est presque absent de ce modèle.
- Alors que, <u>dans le modèle de « *Consultation Centrée sur le Processus*» (CCP)</u> le travail d'équipe constitue une hypothèse de base pour l'existence même du modèle.

En effet, la CCP a été défini comme le fait de présenter des recommandations pour la résolution d'un problème, ce qui est la même chose pour les deux autres modèles, mais elle est basée sur la notion de «processus». Par conséquent, pour que le consultant offre les recommandations adéquates dans la CCP, il doit comprendre le processus de la construction de la situation problématique. Le consultant est incapable de réaliser seul cette dernière activité. L'organisation est un ensemble de systèmes complexes et seuls les clients (les représentants du client) peuvent l'expliquer. Edgar H. Schein (1999, p.20) confirme que :

> [...] Que les clients [...] parce qu'eux seuls connaissaient les problèmes identifiés. Seulement, eux qui connaissaient la véritable complexité de leur situation et eux seuls savent ce qui va travailler pour eux dans la culture dans laquelle ils vivent[19].

Le premier objectif pour un consultant dans le modèle CCP est de créer une relation de collaboration et d'échange d'information permettant le client d'avoir l'assistance demandée. Créer cette relation de collaboration nécessite de faire des conversations et de communiquer de manière constructive que chaque partie écoute l'autre partie, comprendre l'autre partie et répond au besoin de l'autre partie. Le consultant a un besoin de vivre le même processus de construction du problème en collectant les informations pour donner les recommandations convenables. Le client a un besoin de comprendre et de faire face à la situation problématique. Selon Edgar H. Schein (1999, pp.37-38): « *La relation devient progressivement équilibrée que les deux parties [le*

---

[19] Notons que nous avons traduit cette citation pour assurer la cohérence de ce travail:
> *[...] that clients [...] because only they own the problems identified. Only they know the true complexity of their situation, and only they know what will work for them in the culture in which they live.*

client et le consultant] donnent et reçoivent de l'assistance»[20]. À travers cette relation d'échange, le consultant peut vivre le même processus de construction de problème que les intervenants. C'est juste à ce moment que le consultant pourrait présenter ses recommandations et les propositions de solutions (Edgar H. Schein, 1999, p.20).

La CCP est un modèle de consultation qui donne de l'importance, non seulement aux compétences techniques dans un domaine déterminé, mais aussi de l'importance à l'intégration sociale facile avec les clients. Plus que le processus de l'intégration est avancé, plus que la relation consultant-client est approfondie, plus qu'il est facile à reformuler le problème du client et à proposer les solutions possibles. Le travail d'équipe dans le modèle CCP est <u>primordial,</u> par conséquent la CCP est un processus social plus que technique.

---

[20] Notons que nous avons traduit cette citation pour assurer la cohérence de ce travail:
« The relationship gradually becomes equilibrated as both parties give and receive help».

2.2 Contribution de l'approche en équipe dans la résolution des problèmes complexes

Le premier chapitre de cette partie a traité la complexité des problèmes en SIO. D'abord, du côté du client (Sujet-propriétaire du problème), nous avons conclu que la complexité réside dans sa subjectivité. Ensuite, du côté de l'Objet (qui va porter sur le problème), nous avons montré que la complexité réside dans la multiplicité des Objets et dans les liens entre eux. Du côté Rapport Sujet-Objet, nous avons conclu que la complexité réside par contre, dans la multiplicité des images résultant de cette interaction. En effet, chaque partie contribue à la création de la complexité du problème en SIO. Dans les paragraphes suivants, nous allons mettre l'accent sur la participation du travail d'équipe dans la résolution du problème de la subjectivité et de la multiplicité des images en SIO.

- <u>Le travail d'équipe dans la résolution du problème de la subjectivité</u>

Dans le processus de reformulation et de résolution de problème complexe en SIO, le consultant est tenu de réaliser sa mission conformément à un modèle social d'intervention, à savoir le modèle CCP. Il doit travailler en collaboration avec les clients (les membres de l'organisation nommés par le client). Le consultant a besoin de vivre le processus de construction du problème et les clients ont besoin de le résoudre. La participation des intervenants a plusieurs raisons :

- ✓ <u>La première</u> est que chaque participant croit qu'il connaît bien le problème et qu'il va faire la meilleure présentation au consultant. Cette catégorie des membres a des points de vue divergents ou même conflictuels et c'est enrichissant pour le mandat de consultation ;
- ✓ <u>La deuxième</u> est que chaque membre croit qu'il est incapable à lui seul de prendre la responsabilité de décrire le problème existant. Cette catégorie des membres regroupe surtout les personnes qui sont affectées par les conséquences ou les effets du problème lors de l'exécution de leurs responsabilités;
- ✓ <u>La troisième</u> est que les membres de ce comité partagent le même sentiment et les mêmes indices de l'existence d'un problème, mais ils ne sont pas d'accord sur la source. Cette catégorie regroupe en particulier les personnes qui peuvent faire partie du problème et/ou de la solution ;
- ✓ <u>La dernière</u> est celle qui a une influence sur le fonctionnement et les décisions stratégiques de l'organisation. Cette catégorie est nécessaire notamment pour supporter les recommandations de l'équipe. Il s'agit des personnes titulaires d'un pouvoir décisionnel et financier à l'interne ou à l'externe de l'organisation.

D'une manière générale, les membres de l'équipe doivent être diversifiés de manière à ce qu'une partie puisse participer activement dans l'identification du problème réel et que l'autre partie peut orienter et faciliter la production des propositions. Par conséquent, la formation du comité et le regroupement de ses membres ne traduisent pas le fait que le problème a été identifié ni que les membres du comité partagent les mêmes points de vue. De son côté, le consultant a intérêt de faire abstraction sur les raisons de la participation des membres dans le comité. Par ailleurs, malgré la diversification des participants, leurs différents points de vue et leurs intérêts contradictoires au sein d'une organisation, le consultant et en collaboration avec les membres de l'équipe, joue un rôle important afin :

- D'orienter la subjectivité du client vers l'objectivité ;
- De regrouper les différentes images en une seule commune pour l'ensemble des participants (les représentants du client) dans l'identification du problème.

Il est évident que chaque point de vue est généralement subjectif et différent des autres intervenants sur le même Objet (problème). Toutefois, il est nécessaire de signaler qu'il y a une grande concordance qui demeure partielle sur plusieurs perspectives. Le rôle de l'Expert-comptable consultant est de trouver cette marge d'accord entre les différentes perspectives à travers le modèle mental du client (l'ensemble des Directeurs de l'organisation). Dans ce contexte, Landry, Maurice (1988, p.39) confirme que :

> En effet, l'émergence d'un problème ainsi que le processus menant à sa résolution impliquent inévitablement une dimension cognitive : ce n'est que par référence à un état préalable de connaissance que peut s'expliquer la genèse d'un problème […].

Cette marge d'accord forme « *l'Intersubjectivité*» pour créer « *l'objectivité*» (figure 5). Cette « *Intersubjectivité*» est appelée aussi « *la réalité objective*» propre à chaque système d'information organisationnel (SIO). Cette notion aide à la construction d'un modèle propre à chaque organisation, appelé « *modèle mental*». Ce dernier fera l'objet du troisième chapitre de cette partie et constitue une composante de la méthodologie SODA au niveau du tome II de ce livre.

Figure 5: L'Intersubjectivité pour créer l'Objectivité (*).

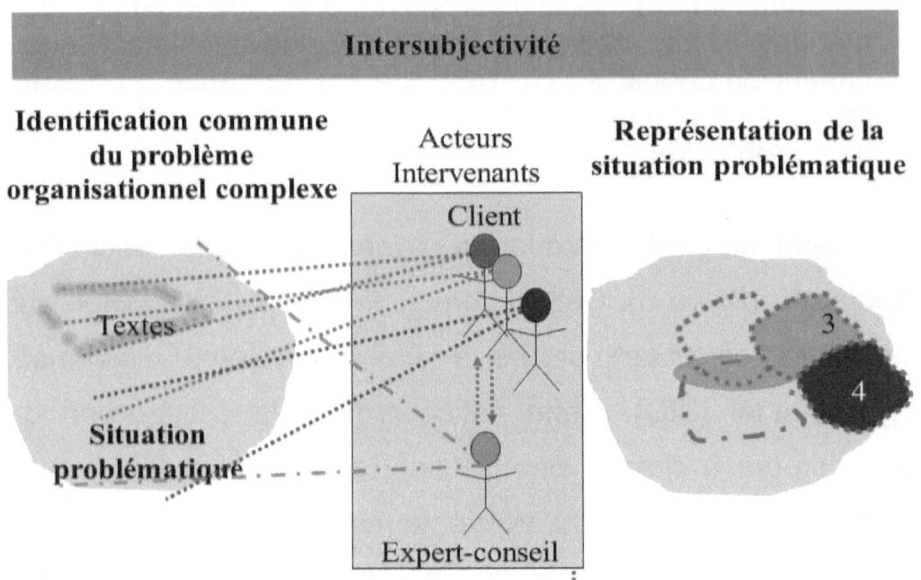

(*) Cette figure a été inspirée de celle de Landry, M., et Jean-Louis Malouin, JP., avril 1983. *Pour une meilleure utilisation des experts-conseils en administration*. IN : Revue de Gestion, p8.

- **Le travail d'équipe dans la résolution du problème de la multiplicité des images**

Le consultant qui accepte un mandat pour la résolution d'un problème complexe ne peut pas travailler seul. Avec son expérience en gestion des équipes, il aide à motiver le personnel du client. Le consultant apporte son expérience, compétence technique et sociale. Il collabore avec l'équipe comme une grande force opérationnelle dans un « *Group Process* ». Ce dernier nous permet de collecter, de traiter et d'utiliser les données sensibles et plus variées. Plus le niveau de collaboration est élevé, plus le processus de production des connaissances et de création de l'action est actif du côté de consultant et du côté de client. Dans ce cadre, une collaboration de deux processus internes et externes forme un seul processus de co-création de connaissances et co-production de solution propre à l'organisation (figure 6). Le management de cette collaboration s'effectue en général à travers le comité de pilotage de l'intervention : le fonctionnement des équipes, l'échange des informations et les contacts réguliers entre l'équipe de consultant et celle du client (Simonet, J. et Bouchez, JP., 2009, p381).

Figure 6: Processus de co-création des connaissances et la coproduction des solutions (*).

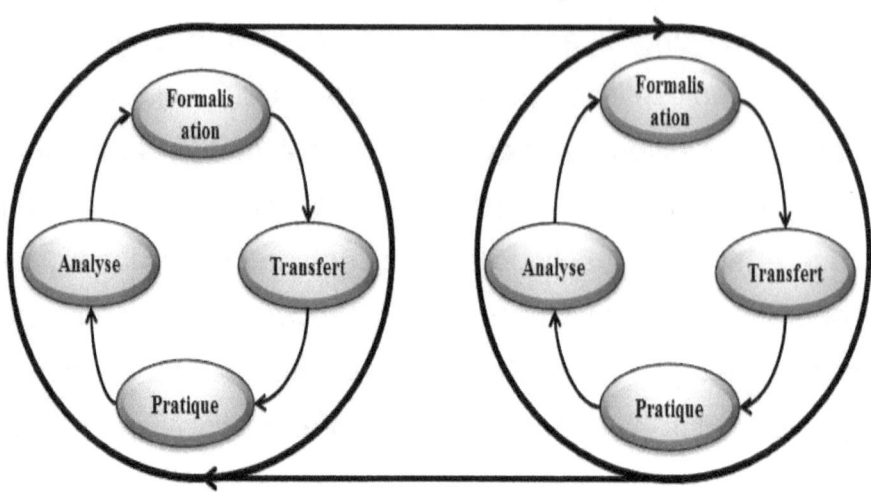

(*) Extrait de livre de Simonet, J. et Bouchez, JP., 2009. *Le conseil : le livre du consultant et du client*. 2e édition. Paris : Eyrolles: Éditions d'organisation, 633p. Références (Éditions d'Organisation), p.381.

Le processus de co-création de connaissances et co-production de solution va agir sur la complexité du problème organisationnel. Le lien entre les deux processus représente le degré de synchronisation et de collaboration entre le consultant et les participants. Plus la synchronisation est forte, plus la chance de la formulation et la résolution de la complexité est importante. Par conséquent et comme a confirmé Landry Maurice (1988, p.39) : « *[...] Ce n'est qu'en produisant de la connaissance qu'un problème peut être résolu [...]* ». Simonet, J. et Bouchez, JP. (2009, p.382) prétendent que : « *Ce schéma de la coproduction rappelle la double nature, technique et relationnelle, de l'intervention : le consultant doit progresser, mais il ne peut le faire seul et sans être suffisamment en phase avec le client* ».

En conclusion, ce chapitre a mis l'accent sur l'importance du travail en équipe dans la résolution des problèmes complexes présentés au chapitre précédent. <u>Un problème complexe</u> nécessite une intervention externe qui va réduire la subjectivité dans le traitement de la situation, d'où l'invitation <u>d'un consultant</u>. Il nécessite aussi une intervention interne, à savoir <u>les clients</u>. Le consultant doit assurer l'harmonisation et l'intégration de l'équipe intervenante, pour cette raison, il doit réaliser son mandat selon une consultation basée sur un processus social, d'où le modèle de <u>CCP</u>. La communication constructive aboutit à la création les zones d'accord entre les clients dans la reformulation et résolution du problème. Il s'agit de l'*Intersubjectivité* qui assure l'objectivité des résultats. Le processus intervenu de point de vue dynamique est celui de la co-création des connaissances et de la coproduction des solutions. Le résultat est la création d'une image unique du problème. Le problème complexe caractérisé par l'ambiguïté est reformulé et devient un ensemble des problèmes simples validés par les clients.

CHAPITRE 3 : LES STRATÉGIES DE L'EXPERT-COMPTABLE DANS LA REFORMULATION ET LA RÉSOLUTION DES PROBLÈMES COMPLEXES EN SIO

Lors de la prise de connaissance de son mandat et la compréhension de l'organisation, le consultant commence à faire la conception de sa stratégie de travail. Cette dernière couvre plusieurs volets et impose un ensemble de choix pour le consultant. Le choix de raisonnement logique cohérent avec la nature du mandat et le choix de travailler individuellement ou en collaboration avec le client. Ce chapitre a pour objectif de :

- démontrer les raisonnements possibles de l'Expert-comptable et les solutions résultantes ;
- présenter la stratégie de travail en équipe et le rôle de l'Expert-comptable.

3.1 Le raisonnement de l'Expert-comptable

3.1.1 Les solutions traditionnelles pour les problèmes simples et complexes structurés

Le degré de la complexité d'un problème en SIO, détermine la nature du modèle solutionnaire à adopter et la logique de raisonnement de l'Expert-comptable. En effet, il raisonne selon les trois logiques suivantes : la déduction, l'induction et l'abduction (figure 7). [21]

---

[21] Disponible sur : http://chroniquescathares.blog.lemonde.fr/2012/04/05/libertat-3/ [consulté en 2013].

Figure 7 : Le raisonnement traditionnel de l'expert-comptable- Consultant [23]

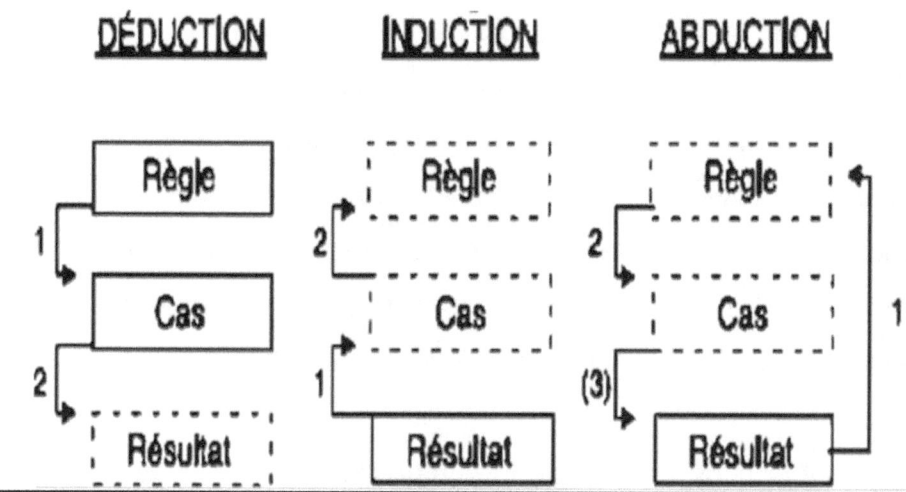

La déduction est l'application d'un modèle sur une situation. Cette logique déductive est celle des consultants débutants ou ceux qui traitent les problèmes simples (Simonet, J., Bouchez, JP., 2009, P.374). Le risque de cette logique est d'appliquer un modèle qui ne correspond pas à une situation. Il s'agit d'un raisonnement théorique qui impose la réalité du modèle sur la réalité du SIO. Le modèle peut contenir d'une part, plusieurs hypothèses qui dépassent la situation concernée et d'autre part, il peut contenir des hypothèses qui ne couvrent pas totalement la situation. Le risque commun entre les deux situations est l'existence d'un grand écart entre la réalité de SIO et la réalité de modèle théorique.

L'induction est l'application d'un modèle préexistant dans des SIO observées chez d'autres organisations (*Benchmarking*) après l'analyse de la réalité de l'organisation sur une situation existante. Il s'agit de trouver d'après l'expérience du consultant le modèle existant dans d'autre SIO et qui est le plus proche des hypothèses de la réalité du SIO objet de traitement. Cette logique inductive est celle des consultants techniciens, spécialistes ou experts qui traitent les problèmes de complexités moyennes et structurées (Simonet, J., Bouchez, JP., 2009, P.374). Cette approche a pour risque que le modèle le plus proche préexistant présente aussi un écart important en termes d'hypothèses avec la réalité de SIO objet de consultation. Le deuxième risque important est la subjectivité du raisonnement du consultant qui peut :

- Utiliser un avis pointu d'un spécialiste qui ne tient pas compte de toute la réalité du SIO, mais juste sa spécialité. Il va voir la situation d'un seul côté de manière à s'éloigner du problème réel (figure 8).

Figure 8 : Le problème des spécialistes (*)

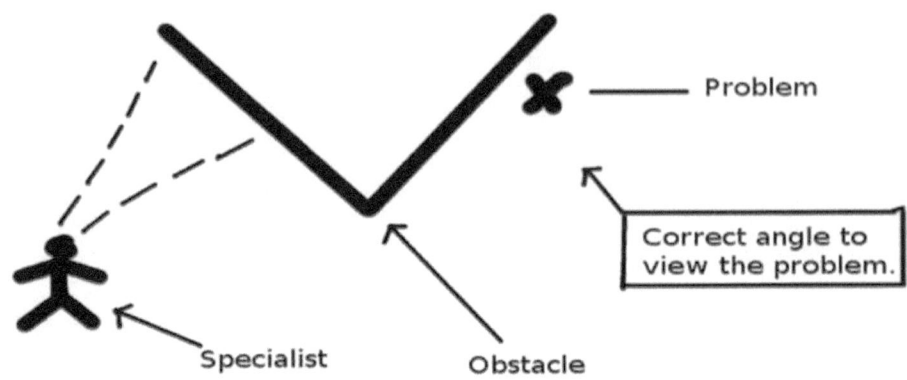

(*) Extrait du livre de Gerald M. Weinberg, 1985. The secrets of consulting: a guide to giving and getting advice successfully. Dorset House Publishing.

- Ne pas utiliser correctement la relation de causalité en expliquant la réalité SIO par un nombre insuffisant de causes ou en surestimant les causes visibles en ignorant les causes profondes et cachées.
- Généraliser un nombre insuffisant des cas observés sur le SIO objet de consultation.

> *C'est le cas d'un consultant, sans faire une analyse de la situation recommande son client l'acquisition d'un ERP à fin d'augmenter les bénéfices de l'organisation, alors que le coût d'acquisition et d'installation de l'ERP est insupportable par l'organisation. En plus, l'ERP peut écraser les spécificités des processus d'affaires de l'organisation.*

L'abduction est la combinaison des deux précédentes méthodes. Cette logique a le mérite d'utiliser les avantages de la logique inductive, qui apporte un modèle préexistant le plus proche de la réalité du SIO et les avantages de la logique déductive en utilisant des hypothèses théoriques afin d'affiner le modèle préexistant. Cette combinaison entre la logique déductive et la logique inductive permet au consultant de trouver le modèle le plus cohérent avec la réalité du SIO. Cependant, il comporte des limites résultant de l'utilisation des hypothèses théoriques qui peuvent être insuffisamment testées et validées. À titre d'exemple, il peut y avoir eu des changements chaotiques constants durant les dernières années de l'environnement des organisations qui ne donnent même pas le temps pour élaborer des hypothèses convenables au nouveau contexte. Ce raisonnement de la logique abductive est utilisé par les consultants les plus expérimentés lors de la résolution des problèmes complexes et peu structurés (Simonet, J., Bouchez, JP., 2009, p.374). Par conséquent,

> L'abduction est la démarche spontanée qu'empruntent, sans le savoir, tous ceux qui doivent fournir une explication à un événement surprenant que l'induction (l'expérience) ou la déduction (le savoir de type universitaire) n'arrivent pas à expliquer.[22]

En conclusion, suite à la logique, déductive, inductive et ab-ductive, les experts ont construit un ensemble de modèles qui visent la résolution des problèmes dans l'organisation en matière de stratégie (analyse SWOT, la chaîne de la valeur et le principe de Pareto ou loi des 20/80), d'organisation (le principe de Pareto ou loi des 20/80 et la roue de Deming PDCA), de gestion de changement (la roue de Deming PDCA). Ces trois logiques solutionnaires précédentes traitent uniquement les situations ayant un problème clairement identifié dès le départ avec un peu de complexité. Le changement technologique, climatique et plusieurs autres facteurs rendent la situation problématique de plus en plus chaotique et incertaine de manière que l'apparence de la situation problématique ne reflète pas l'identité du problème. Les problèmes ne sont pas des données pour le consultant, mais il doit les reconstruire. Les

---

[22] Disponible sur : http://chroniquescathares.blog.lemonde.fr/2012/04/05/libertat-3/ [consulté en 2013].

limites des raisonnements traditionnels et leurs modèles poussent à l'émergence d'un nouveau modèle dynamique et qui tient compte de la particularité de chaque SIO. Il s'agit du modèle mental de l'organisation.

3.1.2 La solution émergente pour les problèmes complexes non ou mal structurée : le modèle mental

La manière traditionnelle de raisonnement du consultant doit être adaptée à la nouvelle forme de complexité des problèmes. Dans cette perspective, le consultant est tenu d'entrer en communication de réflexion avec le SIO objet de traitement afin de reformuler et déchiffrer la situation pour identifier le problème réel.

> Dans le monde concret de la pratique, les problèmes n'arrivent pas tout déterminés entre les mains du praticien. Ils doivent être construits à partir des matériaux tirés des situations problématiques qui, elles, sont intrigantes, embarrassantes et incertaines. Pour transformer une situation problématique en un problème tout court, un praticien doit accomplir un certain type de travail. Il doit dégager le sens d'une situation qui, au départ, n'en a justement aucun. (Schön Donald, 1994, p.65)

C'est ce que Schön Donald (1994) appelle « *une conversation réflexive avec la situation*» et récemment dans la revue de l'analyse de pratiques professionnelles Armelle Balas-Chanel (2014, p.31) l'appelle « *la pratique réflexive*». En effet, le consultant explore la situation en identifiant les règles spécifiques de l'organisation dans lequel il intervient. Il identifie et recadre le problème réel et conçoit progressivement les options solutionnaires en décryptant la situation problématique, en revenant à ses expériences, sa boîte à outils et en raisonnant par analogie, par regroupement des idées, par la logique inductive, déductive et ab-ductive selon un dosage convenable ou par rapprochement entre les modèles. Il s'agit de la recherche appliquée par le consultant professionnel dans son domaine de compétences. Cette conversation réflexive c.-à-d. entre la richesse de l'expérience du consultant et la situation contribue au développement de nouveau « savoir-faire ». Ce dernier est plus riche que le savoir scientifique universitaire et orienté vers l'action. Ce savoir est celui qui caractérise les consultants professionnels et lui permet de contribuer à la production des connaissances.

> Une conversation réflexive s'initie entre le praticien et la situation pour comprendre et restructurer les éléments de la situation, pour expliciter et actualiser les savoirs mobilisés dans la situation. Ce qui constituera une nouvelle expérience dont la capitalisation amènera ultérieurement un traitement plus efficace d'une même classe de situations[23].

Dans ce contexte, le raisonnement traditionnel et les modèles solutionnaires traditionnels connus par les consultants sont incapables de tenir compte de « *la conversation réflexive*» comme nouvelle solution efficace pour le traitement des problèmes

---

[23] Disponible sur : http://www.memoireonline.com/02/09/2009/m_Le-developpement-des-competences-dans-un-dispositif-hybride-de-formation-selon-les-approches-praxeo5.html#fn5 [consulté le 07 janvier 2015]

complexes non ou mal structurés. Les modèles traditionnels sont dépassés par un nouveau modèle plus adapté au contexte et qui prend en compte les spécificités de la situation : on parle de « *modèle mental*». Il s'agit d'une représentation des schémas mentaux implicites et inconscients de l'intervenant dans l'objectif de le guider dans la prise de décision. L'avantage du modèle mental est l'évidence de son influence non seulement de notre manière de *voir*, de construire l'image que nous nous faisons du monde, mais aussi nos actes selon Peter Senge (1991, p.227): « *La manière dont ces modèles façonnent nos perceptions est tout aussi importante en management*».

Le modèle mental a été utilisé comme solution pour la reformulation et la résolution des problèmes dans plusieurs domaines:

- l'éducation pour comprendre et analyser les difficultés d'apprentissage, pour aider l'apprenant à élaborer des stratégies mentales efficaces et pour innover dans la pédagogie,
- la gestion des équipes et de la formation professionnelle pour modifier considérablement le regard de certains membres de l'équipe porté sur un Objet et pour conduire un dialogue pédagogique avec le groupe d'apprenants menant à une interactivité enrichissante,

- le <u>management stratégique et organisationnel</u>, deux professionnels se sont intéressés :

Peter Senge (1991) : le modèle mental constitue une discipline pour l'organisation et une solution pour la gestion de changement. Dans son livre « *La cinquième discipline*», Peter Senge (1991, p.227) a donné plusieurs exemples pratiques pour illustrer l'importance du modèle mental notamment, celui du constructeur américain d'automobiles General Motors. *Pendant des années les constructeurs américains d'automobiles pensaient que le client achetait un véhicule pour son esthétique plus que pour sa qualité et sa fiabilité. Le consultant Ian Mitroff a détecté que l'échec de cette entreprise est dû à l'écart entre son modèle mental basé sur l'esthétique de la voiture et la demande du consommateur basée sur la qualité et la fiabilité.* Selon Peter Senge (1991, p.225) :

> Le grand responsable est notre modèle mental. Les innovations restent lettre morte, parce qu'elles heurtent d'images du monde qui sont profondément ancrées en nous, et qui limitent nos pensées et nos actions. La maîtrise des modèles mentaux, la capacité à identifier, à tester et à améliorer les images du monde que nous portons en nous, promet d'être une des avancées les plus spectaculaires de la gestion des organisations intelligentes.

Kees van der Heijden (1996) : le modèle mental a été utilisé par Kees van der Heijden (1996) dans la démarche de management stratégique et d'élaboration de scénarios:

Si les Directeurs veulent intervenir, ils doivent construire une solide ligne de raisonnement stratégique, autour duquel le personnel de l'organisation peut se réunir. Une autre partie est d'aligner les points de vue dans l'équipe de direction [...], mais la construction d'un raisonnement logique solide n'est jamais suffisante. Par conséquent, le succès final découle d'être différent. Il nécessite une invention originale [...] Les modèles mentaux ont été construits au fil du temps, et ceux-ci sont couplés à travers un langage commun qui rend la conversation stratégique possible. Au fil du temps les gens s'influencent mutuellement dans la façon dont ils voient leur mot. (Der Heijden, 1996, p. préface viii)[24]

---

[24] Notons que nous avons traduit cette citation pour assurer la cohérence de ce travail:

> *If managers want to intervene they need to build a solid line of strategic reasoning, around which people in the organisation can gather. Another part is to align views in the management team...but building solid logic is never sufficient. In the end success derives from being different. It requires an original invention [...] Mental models have been built up over time, and these are coupled through a common language that makes the strategic conversation possible. Over time people influence each other in the way they see their word.*

3.2 Approche de travail en équipe et rôle de l'Expert-comptable

L'approche d'intervention en équipe, comme elle a été déjà soulevée, elle trouve son existence dans le domaine de la consultation à travers le modèle CCP où le client joue un rôle actif avec le consultant dans la formulation et la résolution du problème. Le consultant intervient dans son mandat en travaillant en équipe malgré les diversités des intérêts.

3.2.1 L'Expert-comptable et son rôle de motivation pour insister à la collaboration

La réussite du mandat constitue un défi pour le consultant. Le secret de la réussite est sa capacité à utiliser ses connaissances d'une part et d'utiliser l'énergie résultant de la volonté des membres de l'équipe de travailler ensemble. Les connaissances et l'expérience seules des consultants sont insuffisantes pour reformuler et résoudre un problème complexe. Plus le consultant intervient dans la motivation des membres de l'équipe (sortir de leurs cercles des intérêts contradictoires de leurs politiques internes et de leurs pouvoirs) est plus les membres sont sensibilisés à l'importance de résoudre le problème. L'intelligence du consultant se manifeste en faisant ses interventions sans perdre le support de l'équipe. Lors de cette intervention, le consultant va permettre aux membres de l'équipe de porter d'autres lunettes pour voir d'autres images du problème. Si le consultant réussit à réaliser ce sous-objectif, le personnel va être en mesure de comprendre qu'ils sont en train de découvrir d'autres manières de voir et de faire. Ils apprennent que la gestion en équipe est le secret de leur succès de reformulation et de résolution du problème. Ainsi, ils peuvent généraliser cet acquis dans les autres domaines de l'organisation.

Pour créer cette motivation interne, le consultant pose souvent des questions exploratoires et inattendues par les membres de l'équipe. Il présente ses suggestions après celles des membres. Cette manière de gestion des équipes par le consultant permet, en premier lieu, de pousser les membres vers un raisonnement d'imagination et de créativité en pensant à des points qu'ils ne connaissent pas ou ne veulent pas imaginer. En second lieu, cette manière de gestion des équipes permet aux membres d'améliorer l'écoute aux autres en découvrant des points qu'ils ignorent ou auxquels ils ne donnent pas suffisamment d'importance. En dernier lieu, elle permet aux membres de perfectionner leur manière de parler sur tous les sujets dont ils souhaitent discuter.

3.2.2 L'Expert-comptable et le choix de la stratégie dans l'approche d'intervention en équipe

Lors du travail en équipe, on trouve un climat de différence et de contradiction entre les membres, mais dans la majorité des cas, nous constatons l'existence d'une marge raisonnable et suffisante pour avoir des similarités qui nous permet de trouver ensemble l'image commune de problème. Il existe deux stratégies qui diffèrent selon la nature de l'approche à utiliser. Il s'agit de stratégie individuelle et la stratégie collective pour la construction de modèle mental propre à l'organisation.

- <u>La stratégie individuelle de construction</u>

Elle commence par la première étape sous forme des rencontres individuelles par le consultant et chacun des représentants de l'organisation pour collecter le maximum des informations non dites par le client. Le consultant va construire une image de la situation selon la vision de chaque participant. La deuxième étape est l'assemblage par le consultant des différents points de vue et perspectives. Il les regroupe afin de construire une image collective de la situation problématique. Il n'est pas facile de remplir cette dernière tâche par le consultant, mais il se base sur la notion de l'intersubjectivité telle que présentée dans le chapitre 2 du présente partie. Cette notion aide au développement interne d'un seul modèle commun pour tous les participants et propre à l'organisation pour le traitement du problème complexe en SIO. Il ne faut pas oublier que le modèle en lui-même n'est pas l'objectif, mais un outil à exploiter. Cet outil est nécessaire pour guider et structurer la pensée humaine afin de reformuler, puis de résoudre la situation problématique en SIO. Cette stratégie de construction de modèle de reformulation et de résolution des problèmes est exactement comme le jeu de puzzle, dont le joueur (consultant) doit chercher, ramasser et assembler les petites pièces pour construire et former une image unique, qui sera présentée à une tierce personne.

La troisième étape est le travail en équipe lors d'une rencontre collective. La carte collective établit par le consultant à la suite de regroupement et l'analyse des cartes individuelles fera l'objet des critiques constructives dans le but de chercher des options de solutions. À ce stade, le rôle du consultant est inévitable pour assurer l'équilibre dans la relation de pouvoir entre les membres. Le consultant doit gérer les différents risques, notamment : le risque d'équilibrage de pouvoir et le risque d'entrer dans des idées qui n'ont pas de relation avec la situation.

- <u>La stratégie collective de construction</u>

Contrairement à la stratégie individuelle, la stratégie collective commence directement par une rencontre de groupe des participants. De cette manière, il est difficile de construire « *le modèle réflexif*» de l'organisation, car la stratégie collective empêche l'apparition des points de vue contradictoires. Elle empêche aussi de voir les jugements cachés et la communication constructive suite au désaccord ou au désintéressement des membres titulaires du pouvoir. Dans d'autres cas, ces derniers trouvent cette rencontre une opportunité pour connaître les points de vue des autres. La construction d'un modèle mental pour l'organisation suite à cette stratégie peut être dans plusieurs cas biaisée. Chaque participant hésite de parler clairement sur la situation problématique. Souvent, l'absence de la démocratie interne, la hiérarchie, le pouvoir financier, la recherche des promotions et d'autres facteurs <u>empêchent</u> les membres de présenter clairement le problème réel, directement lors d'une réunion de groupe.

En conclusion, souvent, il existe des points communs et des risques cachés que le consultant ne puisse les détecter que lors de ses rencontres individuelles avec les membres de l'équipe. L'ensemble de ces facteurs est en faveur d'une stratégie individuelle de construction de modèle au détriment d'une stratégie collective qui se base sur le regroupement permanent des membres. Cette stratégie individuelle de construction de modèle mentale propre à l'organisation sera intégrée dans une méthodologie structurée appelée « *Strategic Options Development and Analysis*» (SODA). Cette dernière fera l'objet du tome II.

3.2.3 L'Expert-comptable et son rôle dans la gestion du changement organisationnel et humain

Selon Dubé, L. et Bernier, C. (2011, p.227).

> Afin d'éviter que l'organisation ne se retrouve dans cette situation et ne risque de se diriger tout droit vers un échec, l'Expert-comptable doit porter une attention particulière à la manière dont les facteurs organisationnels et humains sont pris en compte [...]

La compétence de la gestion de changement organisationnel et humain est rattachée essentiellement à l'activité de mise en service du nouveau système. Cette dernière constitue un bouleversement important pour l'organisation en raison du changement simultané de nombreux processus d'affaires organisationnels et de la technologie. Ce bouleversement doit être géré et encadré en raison des risques probables au niveau organisationnel et humain : le personnel peut refuser de participer à la réalisation des tests, à la formation ou même d'utiliser le nouveau système parce qu'il est habitué à l'utilisation de l'ancien système. Il peut faire croire qu'il n'y a rien, mais en réalité un problème organisationnel et humain complexe s'est produit suite à la résistance aux changements. L'Expert-comptable est face à un risque important de l'échec malgré que le système est de grande qualité technique et malgré l'existence d'une gestion rigoureuse du projet. En collaboration avec le service de ressources humaines, il veille à la conception et l'application d'un plan de gestion de changement dès le début du projet et tout au long, qui prend en charge les préoccupations des utilisateurs et des gestionnaires relativement aux changements.

L'Expert-comptable peut comprendre le contexte organisationnel après le changement et identifier les forces humaines influençant le changement dans l'organisation. Il s'assure que ces forces sont impliquées dans l'élaboration du plan de gestion de changement et que ce dernier précisera la nature, la taille, l'étendue du changement, les acteurs clés et le budget temps de réalisation des activités de pilotage du nouveau système (Dubé, L., Bernier, C., 2011, p.228). Le poste de pilotage de nouveau système décrit dans cette partie peut être occupé par l'Expert-comptable. Ce dernier avec le responsable de la gestion de changement peuvent établir une base des indicateurs sous forme d'un tableau de bord dès la planification du projet pour mesurer le degré d'avancement de point de vue ouverture pratique de l'organisation et du personnel pour l'appropriation du nouveau SI. L'Expert-comptable veille à la planification, à la réalisation et à la surveillance du processus de gestion de changements organisationnels et humains dans les projets SIO. Il y a lieu de rappeler que l'Expert-comptable est souvent au cœur des changements organisationnels et humains lors de la réalisation des mandats classiques d'audit dans une même organisation d'une année à l'autre ou même au cours de la même année d'une organisation à une autre. Cette spécificité de la profession d'expertise comptable est la source de compétence de l'Expert-comptable d'être un acteur actif et visionnaire des risques du changement.

En conclusion, au cours des dernières années, le chaotique et l'incertitude règnent. La complexité des problèmes en SIO est la règle et les bons modèles d'hier sont devenus incapables de résoudre les problèmes d'aujourd'hui. Ces derniers touchent notamment les questions sur les SIO et les stratégies externes et internes. Par conséquent, les modèles traditionnels sont dépassés par « *le modèle mental* ». Ce dernier est basé sur « *la conversation réflexive* » et il constitue une nouvelle solution pour régler les problèmes à une complexité non ou mal structurée. Rappelons qu'une stratégie est toujours supportée par un SIO et la complexité des problèmes de ce dernier conduit à l'échec de la stratégie. Par conséquent, la reformulation de ces problèmes et leurs résolutions à travers un modèle mental global pour l'organisation assurent la réussite de sa stratégie.

Pour l'Expert-comptable, le travail sur le modèle mental, lui permet de :

- comprendre, connaître, analyser l'organisation (entretien, carte de connaissances...) à travers de son rôle de motivation pour insister les intervenants à la collaboration;
- créer un modèle mental global pour l'organisation et commun pour les principaux acteurs (vision partagée ou coexister des visions différentes) ;
- recommander les solutions convenables pour résoudre les problématiques du SIO qui supporte le nouveau modèle mental de l'organisation ;
- conduire l'évolution de l'ancien modèle mental vers un nouveau à travers ses compétences en matière de gestion du changement organisationnel et humain.

Ainsi, le modèle mental peut être utilisé seul ou intégré dans le cadre d'une méthodologie structurée. Le tome II de ce livre, vous permet de découvrir la carte des connaissances (appelée aussi carte cognitive, carte mentale et carte conceptuelle) comme un exemple de modèle mental, mais intégré dans la méthodologie « *Strategic Options Development and Analysis*» (SODA).

CONCLUSION DU DEUXIÈME PARTIE

Dans un mandat de reformulation et de résolution d'un problème complexe en SIO, l'Expert-comptable ne doit pas se contenter d'avoir la description du problème tel qu'établi par le client. Il doit :

- **chercher la source du problème** (Sujet, Objet ou le Rapport Sujet-Objet), puis qualifier le problème (simple, complexe structuré ou complexe non ou mal structuré). Par conséquent, il est capable de reformuler le problème en tenant compte de la description du client (chapitre1) et en collaboration avec l'équipe de travail ;
- **résoudre ou participer activement à la résolution stratégique du problème** : l'Expert-comptable intervient à la fois au niveau de la production des connaissances et au niveau de l'action (chapitre2). Il utilise les stratégies traditionnelles de raisonnement et le modèle mental comme solution émergente. Il accomplit un rôle de motivateur et d'agent de changement (chapitre3).

Par ailleurs, autre que la résolution du problème, l'intervention du consultant a plusieurs effets et valeurs ajoutées notamment, au niveau de l'apprentissage des participants et le transfert du « *savoir*». C'est ce qui différencie un consultant d'un autre. Pour atteindre ses objectifs, l'Expert-comptable collabore avec le client dans une approche constructive comme une grande force opérationnelle qui permet de collecter, traiter et d'utiliser des données que le consultant les ignore. Il utilise aussi une boîte à outils professionnelle. <u>Cette partie, nous permet d'ajouter d'autres éléments à cette boîte</u> à savoir :

- l'analyse par structuration Sujet-Objet-Projet
- l'approche de travail en équipe (*Group work*)
- le processus de co-création des connaissances et de coproduction de solution
- le plan de gestion de changement organisationnel

CONCLUSION DU TOME I

La complexité d'un problème en système d'information organisationnel réside dans les deux composantes du SIO, à savoir le Sujet et l'Objet et réside aussi dans l'interaction entre ces deux composantes.

<u>En premier lieu, la complexité réside dans l'intériorité du Sujet-propriétaire</u> du problème. Nous avons résolu ce problème, d'un côté, en externalisant le Sujet pour garantir l'objectivité dans le traitement de l'Objet-problème, d'où l'intervention de l'Expert-comptable. D'un autre côté, en adoptant une stratégie de travail collectif dans le cadre d'une équipe pour faire face à sa subjectivité. Toutefois, l'extériorité du consultant par rapport à l'Objet (problème) aura des risques sous la forme d'incertitude sur le niveau de compréhension de l'Objet et une incertitude au niveau des solutions proposées. Dans ce cadre, le consultant sera partiellement extériorisé en se basant sur le partenariat entre le Sujet interne (client) et l'Expert-comptable (un consultant externe) pour assurer l'objectivité de son intervention (Chapitre 3 Partie 1 et 2).

En second lieu, la complexité réside dans la multitude des Objets (sous-problème) et l'importance du nombre de liens entre eux dans le système. Nous avons résolu ce problème, par l'adoption de plusieurs éléments de la boîte à outils de l'Expert-comptable , notamment, un processus structuré pour les projets de restructuration des systèmes (Chapitre 2 Partie 1), les compétences techniques de l'Expert-comptable (Chapitre 3 Partie 1), la qualification du problème (Chapitre 1 Partie 2) et en dernier lieu, par l'adoption d'une approche en équipe dans un processus de co-création des connaissances et la co-production de solution (Chapitre 2 Partie 2).

Finalement, la complexité réside dans la multitude des images construites lors de l'interaction Sujet-Objet sur le problème réel. Nous avons résolu ce problème par la production d'une seule image collective pour tous les acteurs de l'organisation grâce à un raisonnement « d'*intersubjectivité*» (Chapitre 2 Partie 2). Cette production commence par comprendre en amont les origines du problème en utilisant le modèle mental (Chapitre 3 Partie 2). Ensuite, elle résulte d'un travail d'équipe dans un processus de co-création des connaissances et la coproduction de solutions (Chapitre 2 Partie 2) ayant un aspect social suite à un processus social de consultation (CCP) (Chapitre 1 Partie 1).

En conclusion, nous portons l'attention à <u>tous les éléments solutionnaires de la boîte à outils de l'Expert-comptable</u> pour la reformulation et la résolution des problèmes complexes en système d'information organisationnel, <u>sont intégrés dans une seule méthodologie</u> appelée *« Strategic Options Development and Analysis»* (SODA). Cette dernière fera l'objet du tome II de ce livre.

POUR EN SAVOIR PLUS

OUVRAGES

1. Dubé, L., Bernier, C., 2011. *La gestion des technologies de l'information*. Saint-Laurent, QC : Éditions du Renouveau Pédagogique Inc, 302p.

2. Edgar H.Schein, 1999. *Process Consultation Revisited: Building the Helping.* Addison-Wesley Publishing Company. Premier PARTIE, *What Is Process Consultation?*, pp.3-29.

3. Fernandez-Toro, A., 2012. *Management de la sécurité de l'information : implémentation ISO 27001 et ISO 27002 : mise en place d'un SMSI et audit de certification*. 3ème édition. Paris : Eyrolles, 322p.

4. Jack T. Marchewka, Wiley, 2003. *Information Technology Project Management.* 3ème édition. Hoboken, NJ : Wiley, 409p.

5. Kees van der Heijden, 1996. *Scenarios: The art of strategic conversation*. Chichester, England; New York: John Wiley & Sons, 305p.

6. Morgan, G., 1999. *Images de l'organisation*. 2ème édition. Québec : Presses de l'Université Laval ; Ottawa : Éditions Eska, 556p.

7. Rivard, S., Talbot, J., 2009. *Le développement de systèmes d'information*. 4ème édition. Sainte-Foy : Presses de l'Université du Québec, 718p.

8. Schön Donald .A, 1994. *le praticien réflexif : à la recherche du savoir caché dans l'agir professionnel.* Montréal : Éditions Logiques, 418p, Formation des maîtres.

9. Senge, P., 1991. *La cinquième discipline.* Paris : F1RST, pp225-261.

10. Simonet, J., Bouchez, JP., 2009. *Le conseil : le livre du consultant et du client.* 2ème édition. Paris : Eyrolles : Éditions d'organisation, 633p. Références (Éditions d'Organisation).

TRAVAILS ET THÈSES

1. Chtara, Walid, 2011. *Rôle de l'Expert-comptable dans la conception et le déploiement d'un système d'information comptable d'un établissement bancaire ayant opté pour la migration vers un ERP.* Travail d'expertise comptable. Tunis, IHEC-Chartage, 210p. Disponible à la bibliothèque de l'OECT, 1ère et 3ème partie.

ARTICLES ET RAPPORTS

1. Balas-Chanel, A., 2014. *La pratique réflexive dans un groupe, du type analyse de pratique ou retour de stage* [en ligne]. Revue de l'analyse de pratiques professionnelles, p 28-49.

2. Basque J., 2013. *Les cartes de connaissances en pédagogie universitaire* [en ligne]. Centre de recherche LICEF.

3. Landry, M., et Jean-Louis Malouin, JP., avril 1983. *Pour une meilleure utilisation des experts-conseils en administration.* IN : Revu de Gestion, p4-11.

CONGRES (article présenté dans un congrès)

1. Basque J., 2012. *Apprendre en construisant des cartes de connaissances à l'aide d'un outil logiciel : oui, mais selon quelle technique ?* [en ligne]. Actes du XIIIème colloque pédagogique de l'alliance Française de SÃO PAULO. 8p.

2. Landry, M., 1988. *Les problèmes organisationnels complexes et le défi de leur formulation.* IN: Revue canadienne des sciences de l'administration, Vol 5, Issue 3, page 34-48. Colloque de l'AFECT portant sur *l'aide à la décision dans l'organisation*, mars 1987. Paris, France, 15p.

NORMES

1. Association Française de Normalisation (AFNOR), 2011. *Principes directeurs pour la rédaction des références bibliographiques et des citations des ressources d'information.* Norme NF ISO 690, Août 2010.

2. International Federation of Accountants (IFAC), 2009. *Audit des estimations comptables, y compris les estimations comptables en juste valeur, et des informations y afférentes à fournir.* Norme internationale d'audit (ISA) 540.

3. International Federation of Accountants (IFAC), 2009. *Utilisation par l'auditeur des travaux d'un expert de son choix.* Norme internationale d'audit (ISA) 620.

SITE OU PAGE D'UN SITE WEB

1. Dernière mise à jour du site est décembre 2014. *Cour d'appel de Paris Pôle 5, chambre 10 Arrêt du 19 janvier 2011* [en ligne]. Disponible sur : http://www.legalis.net/spip.php?page=jurisprudence-decision&id_article=3107

2. Date de l'article est avril 2014. *un projet de création d'un nouveau système informatique intégré* [en ligne]. Disponible sur http://directinfo.webmanagercenter.com/2014/04/02/tunisie-projet-de-creation-dun-systeme-informatique-integre/

3. Date de mise à jour de la page est le 19 février 2014. *Top 8 des bogs informatiques qui ont bien mis le bordel* [en ligne]. Disponible sur : http://scientific-park.blogspot.ca/2014/02/top-8-des-bugs-informatiques-qui-ont.html

4. Année de mise à jour de la page est en 2013. Jean-Paul Droz, 2008. *Le développement des compétences dans un dispositif hybride de formation, selon les approches praxéologique et située des compétences* [en ligne]. Travail de Master 2 sciences de l'éducation, ingénierie et conseil. Université de Rouen, France. Disponible sur : http://www.memoireonline.com/02/09/2009/m_Le-developpement-des-competences-dans-un-dispositif-hybride-de-formation-selon-les-approches-praxeo5.html#fn5

ANNEXES

Annexe 1: La boîte à outils destinée à l'Expert-comptable.

ANNEXE 1: La boîte à outils destinée à l'Expert-comptable

Ce livre offre à l'Expert-comptable consultant en SIO une boîte à outils.

- «La consultation centrée sur les processus» (CCP) en anglais «*Process Consultation*» (PC)
- Processus structuré de la restructuration SIO
- La vision du SIO
- Le cadre de gouvernance du SI (processus et acteurs)
- La fonction TI
- Le processus de planification stratégique en SIO
- Le dossier de justification d'un projet SIO
- La gestion des budgets SIO
- Les modes d'approvisionnement
- La gestion des projets SIO
- La certification professionnelle en gestion des projets PMP
- Les outils comme PERT, GANTT…
- La stratégie de mise en service
- Le plan de conversion des données (Plan de migrations)
- Le test automatique des données (Microsoft Excel, logiciel de *Testing*)
- Le plan de gestion du changement organisationnel
- Les normes ISO 27001, 27002, COBIT et certification CISA de l'ISACA

- L'analyse par structuration Sujet-Objet-Projet
- L'approche d'intervention en équipe
- Le processus de co-création des connaissances et la co-production de solution
- Les modèles mentaux et la conversation réflexive
- La stratégie individuelle de construction
- Le Plan de gestion de changement organisationnel
- Contrat écrit du mandat de consultation
- Le travail en équipe «*Group Process*»
- Le processus de la méthodologie SODA
- La carte des connaissances individuelle et collective
- «Le *Thinking Backward*» et «le *Thinking Forward*»

*L'Expert-Comptable Consultant et les Problèmes Complexes
En Système d'Information*

GLOSSAIRE[25]

1. CARTE DES CONNAISSANCES[26]:

La carte des connaissances est une représentation visuelle d'un ensemble des connaissances concernant une situation ou un domaine particulier. Elle est plus riche que la représentation textuelle et elle prend la forme d'un réseau graphique. En effet, dans une carte des connaissances, les connaissances sont les «idées», les préoccupations et les concepts. Elles sont représentées par des nœuds et sont liées entre eux par des arcs. Les connaissances (ou nœuds) peuvent être un mot ou d'un ensemble de mots, alors que les relations (ou arcs) sont des traits fléchés de manière à donner une direction aux relations établies. Les arcs peuvent être commentés pour spécifier davantage la nature des liens établis entre les connaissances. Dans ce travail,

---

[25] Les définitions ont été extraites de (*) http://www.piloter.org et (**) http://fr.wikipedia.org

[26] Cette définition est inspirée de Basque J., 2012. *Apprendre en construisant des cartes de connaissances à l'aide d'un outil logiciel : oui, mais selon quelle technique ?* [en ligne]. Actes du XIIIème colloque pédagogique de l'alliance Française de SÃO PAULO. P1. Disponible sur :
http://www.aliancafrancesa.com.br/colloque2012/actus/Acte_Josianne_BASQUE.pdf

les cartes des connaissances peuvent être individuelles ou collectives, mentales ou conceptuelles.

2. GANTT (*):

Le diagramme de GANTT, du nom de son inventeur, date du début du 20ème siècle. Ce type de diagramme est fort pratique pour la communication. Aisément compréhensible, il permet de se faire rapidement une idée précise autant du travail accompli que des tâches encore en attente de réalisation.

3. ISO 27001 (**)

La norme ISO 27001 publiée en octobre 2005 et révisée en 2013 succède à la norme BS 7799-2 de BSI (*British Standards Institution*). Elle s'adresse à tous les types d'organismes (entreprises commerciales, ONG, administrations...) La norme ISO/CEI 27001 décrit les exigences pour la mise en place d'un Système de Management de la Sécurité de l'Information (SMSI). Le SMSI est destiné à choisir les mesures de sécurité afin d'assurer la protection des biens sensibles d'une entreprise sur un périmètre défini.

4. ISO 27002 (**)

La norme ISO/CEI 27002 est une norme internationale concernant la sécurité de l'information, publiée en 2005 par l'ISO, dont le titre en français est Code de bonnes pratiques pour la gestion de la sécurité de l'information. L'ISO/CEI 27002 est un ensemble de 133 mesures dites « *best practices* » (bonnes pratiques en français), destinées à être utilisées par tous ceux qui sont responsables de la mise en place ou du maintien d'un Système de Management de la Sécurité de l'Information (SMSI).

5. ORGANISATION:

Le concept d'une organisation est utilisé dans ce livre comme suit : une organisation est un regroupement de personnes dans une société à but commerciale ou non commerciale, elle peut être une société privée ou un organisme public. Chaque organisation a une mission à réaliser sous des conditions internes et externes et il est évident qu'elle connait des situations problématiques. Ces dernières sont liées notamment à l'introduction de nouvelles technologies, la refonte de l'organisation interne, le développement de nouvelles stratégies, la formulation de nouvelles visions pour l'avenir, ou la résolution de problèmes en général.

6. PERT (*):

Le diagramme de Gantt est le parfait outil pour communiquer sur l'avancement du projet. On privilégiera cependant le diagramme «PERT» (*Program Evaluation and Review Technique*) ou le CPM (*Critical Path Method*) pour ordonnancer le projet lorsque le nombre de tâches et les interdépendances deviennent conséquents.

7. PROJECT MANAGEMENT INSTITUTE (**):

Le *Project Management Institute*, fondé en 1969, est une association professionnelle à but non lucratif qui propose des méthodes de Gestion de projet. Son siège est à Philadelphie en Pennsylvanie (États-Unis), elle compte plus de 700 000 membres répartis dans 125 pays. Elle élabore et publie des standards relatifs à la gestion de projet et propose différentes certifications dans ce domaine.

8. ROUE DE DEMMING (**):

La roue de Deming est un moyen mnémotechnique permettant de repérer avec simplicité les étapes à suivre pour améliorer la qualité dans une organisation. La roue de Deming (de l'anglais *Deming wheel*) est une illustration de la méthode de gestion de la qualité dite PDCA (*Plan-Do-Check-Act*), ou encore PDSA (*Plan-Do-Study-Act*). Son nom vient du statisticien William Edwards Deming. Ce dernier n'a pas inventé le principe du PDCA (la paternité en revient à Walter A. Shewhart), mais il l'a popularisé dans les années 1950 en présentant cet outil (sous le nom de cycle de *Shewhart*, the *Shewhart* cycle) au Nippon Keidanren, l'organisation patronale japonaise.

9. SWOT (**) :

L'analyse SWOT ou matrice SWOT est un outil de stratégie d'entreprise permettant de déterminer les options stratégiques envisageables au niveau d'un domaine d'activité stratégique (DAS ou SBU). Le terme SWOT est un acronyme issu de l'anglais: *Strengths* (forces), *Weaknesses* (faiblesses), *Opportunities* (opportunités) et *Threats* (menaces).

10 TOGAF (**) :

«*The Open Group Architecture Framework*» également connu sous l'acronyme (TOGAF) est un ensemble de concepts et un standard industriel couvrant le domaine des architectures informatiques d'organisation. Le cadre d'Architecture TOGAF s'appuie sur trois concepts fondamentaux complémentaires qui viennent renforcer la capacité d'architecture de l'organisation : le Cycle ADM, le Cadre de Contenu et le Cadre de Capacité. Le Cycle ADM «*Architecture Development Method*» constitue le cœur de la démarche TOGAF et délivre, sous la forme d'un processus cyclique, les bonnes pratiques pour développer l'architecture d'organisation au centre d'une organisation. Axé sur les exigences, il est constitué d'une phase préliminaire et de huit phases (nommées de A à H).

11 SYSTÉME D'INFORMATION ORGANISATIONNEL :

Le SIO est le Système (manuel ou informatisé) d'Information (responsable pour le traitement des données et la production des informations) Organisationnel (qui concerne l'organisation dans toutes ses formes telles que défini dans les paragraphes précédentes). C'est le système responsable de la circulation de l'information dans l'organisation. Il est vital pour l'organisation et conditionne son existence et sa performance.

ABRÉVIATIONS

ADM: Architecture Development Method

ANSI: American National Standard Institute

CCP: Consultation Centrée sur les Processus

CFTL: Comité français des Tests logiciels

CISA: Certified information Systems Auditor

COBIT: Control Objectives for Information and Related Technology

DR: Délai de Récupération

ERP: Entreprise Resource Planning

IFAC: International Federation of Accountants

ISACA: Information System Audit and Control Association

ISO: International Organization for Standardization

PC: Process Consultation

PDCA: Plan- Do- Check- Act

PERT: Program Evaluation and Review Technique

PGI: Progiciel de Gestion Intégré

PMI: Project Management Institute

PMP: Project Management Professional

RCI: Rendement Capital Investi

ROI: Return of Investment
SIO: Système d'Information Organisationnel
SMSI: Système de Management de la Sécurité d'Information
SODA: Strategic Options Development and Analysis
SWOT: Strengths, Weakness, Opportunities and Threats
TOGAF: The Open Group Architecture Framework
TRI: le Taux de Rendement Interne
VAN: la Valeur Actualisée Nette

*L'Expert-Comptable Consultant et les Problèmes Complexes
En Système d'Information*

À PROPOS DE L'AUTEUR

Brahim Abbes, auteur, investisseur, entrepreneur et éducateur dont sa vision aux événements vient à l'encontre de la sagesse conventionnelle. Il a contesté et changé la façon dont plusieurs personnes pensent à différents sujets. Il a contesté la façon dont plusieurs acceptent de vivre leur vie telle qu'elle est sans laisser leur propre signature. Il a une formation académique solide dans le domaine de la fiscalité, comptabilité, finance, système d'information et Technologie d'information, ainsi qu'une formation pratique dans la communication, le coaching et la prise de parole devant le public.

Brahim Abbes est titulaire de diplôme d'expertise comptable en Tunisie, de Master Business Administration (MBA) de l'université Laval à Canada, de la certification ITIL «*Information Technology Infrastructure Library*» et de la certification «*Competent Communicator*» (CC) de l'association internationale de communication Toastmasters. Loin de la théorie académique Brahim Abbes a excellé dans sa pratique professionnelle et dans plusieurs domaines notamment le monde de l'analyse des chiffres et le monde de la motivation et de développement humain.

Au niveau de ses publications, il a publié en 2017 et une mise à jour 2018 du tome 1 du livre «L'expert-comptable consultant et la résolution des problèmes complexes en système d'information». Il s'agit d'un livre important qui pousse les experts comptables de sortir de leurs missions standard vers le domaine de «La résolution des Problèmes complexes»... Des livres intéressants en cours de production, seront publiés dans un futur proche comme son livre tome 2 « L'expert-comptable consultant et la résolution des problèmes complexes en système d'information», son livre «La technique magique pour devenir un Millionnaire» et un autre livre prochain «Audit de l'Équilibre Humain (AEH)».

Brahim Abbes tend toujours à ne s'arrêter jamais à la théorie mais de présenter et de montrer ce qui est pratique. Son slogan dans la vie est «***Success is an Obligation not a Choice***».

*L'Expert-Comptable Consultant et les Problèmes Complexes
En Système d'Information*

NOS CONTACTS POUR NOUS REJOINDRE

Si vous avez des commentaires constructifs qui nous permet d'améliorer nos produits ou si vous avez des idées à proposer, vous êtes le bienvenue de nous envoyer vos commentaires et vos idées par mail à :

<u>open.mind129@gmail.com</u>

Brahim Abbes

L'EXPERT-COMPTABLE CONSULTANT Et

Les PROBLÈMES COMPLEXES en SYSTÈME d'INFORMATION

Tome 2
(PROCHAINNEMENT)

BRAHIM ABBES

L'Expert-Comptable Consultant et les Problèmes Complexes En Système d'Information

www.ingramcontent.com/pod-product-compliance
Lightning Source LLC
Chambersburg PA
CBHW020424220526
45464CB00002B/563